Band 12 — 2025

edition MARXISMEN

Brumaire

1. Auflage 2025

Brumaire Verlag, Görlitzer Straße 71, 10997 Berlin
www.brumaireverlag.de

Lektorat: Martin Haller
Design: Andy King
Autorenporträt: Laura Stoppkotte
Schriftarten: »Scotch« von Neil Summerour, »Lyon« von Kai Bernau, »Wand« von Andreas Faust und Stefan Endress, »Fleuron« von Mickaël Emile und Yves-Gabriel So

Printed in Germany
ISBN: 978-3-948608-71-2

Für Hauke Neddermann, Daniel Fuchs
und Jan Turowski

editionMARXISMEN

BAND 12 — 2025

MAO TSE-TUNG

Zur Einführung

Sinisierung des Marxismus

INGAR SOLTY

Mao Tse-tung

Sinisierung des Marxismus

Auf dem Platz des Himmlischen Friedens hängt am Kaiserpalast bis heute das Porträt von Mao Tse-Tung. Genau gegenüber, am anderen Ende des Platzes, befindet sich das Mao-Mausoleum. Ob denn die Chinesinnen und Chinesen »verrückt geworden« seien, fragt der Sinologe und Sozialwissenschaftler Wolfram Adolphi, »noch immer einen Mann, unter dessen Herrschaft viele Millionen Menschen durch Gewalt und Hunger zu Tode« gekommen seien (Adolphi 2009: 7), in dieser Weise zu ehren? Im Westen sei, schreibt der Sinologe Felix Wemheuer, die »Geschichte von Maos Leben schon unzählige Male geschrieben« worden. Dabei würden die Darstellungen »je nach ihrem politischen Weltbild einen sehr unterschiedlichen Mao konstruier[en]: Mao als der ›Herr der blauen Ameisen‹, Führer der Dritten Welt im Kontext der Entkolonialisierung, Militärstratege, nationalistischer Bauernpolitiker, chinesischer Lenin, Philosophenkönig, ›größter Marxist-Leninist der Gegenwart‹, der neue Kaiser mit eigenem Harem, antiautoritärer Revolutionär oder chinesischer Hitler«. Niemand sonst in der politischen Geschichte des 20. Jahrhunderts habe »eine solche Vielfalt an Projektionen und Interpretationen hervorgerufen«. Dabei sagten »diese Interpretationen mehr über den Zeitgeist im Westen als über Mao selbst« aus (Wemheuer 2010: 9).

Aber auch in China selbst ist Mao trotz der fortgeltenden Ehrung nicht unumstritten. Jedes Schulkind kennt ihn als »charismatischen Führer«, um den sich viele »Legenden« ranken, »zu deren Verbreitung er selbst« beigetragen habe: »Der Bauernsohn aus Hunan habe 1935 die Kommunistische Partei wie Moses die Juden aus Ägypten auf dem Langen Marsch in das gelobte Land des roten Stützpunktgebiets in Yan'an geführt.« Zugleich erschien die erste offizielle Biografie, basierend auf »Dokumenten aus dem zentralen Parteiarchiv«, erst 1996, also 20 Jahre nach Maos Tod. Das zeigt, wie »hochsensibel« das Thema auch in China ist (ebd.).

Gleichzeitig sind die Kampagnen Maos, die erfolgreichen wie die irregeleiteten, in China heute »kein Tabuthema« mehr – und damit auch nicht die Opfer, die sie kosteten und die offiziell rehabilitiert worden sind (ebd.: 12). Bis heute hat sich die – für die Kennzeichnung eines dialektischen Denkers bemerkenswert undialektische – Formel »70 Prozent gut, 30 Prozent schlecht« über Mao Tse-tung eingebürgert. Manche erkennen ihn auf Bildern schon gar nicht mehr oder er erscheint ihnen als konfuzianischer Heiliger. Andere wiederum – eine junge Generation von Neomaoisten – wenden sich dem Revolutionär neu zu, um soziale Ungerechtigkeiten und Ungleichheiten im »Sozialismus chinesischer Prägung« zu kritisieren.

Mao habe »Geschichte gemacht, ganz gleich, welches Urteil eines Tages die Geschichte über ihn fällen wird«, urteilte selbst der Kalte Krieger und Antikommunist Alfred Lückenhaus (Lückenhaus 1958: 5). Die Gründe für die fortgesetzte Mao-Ehrung seien vielfältig, aber feststehe, so Adolphi, »dass die Fragen zu Mao – unabhängig davon und trotz des vielen schon über ihn Geschriebenen – nicht aufhören« würden: »Wie konnte die von diesem Mann geführte Revolution 1949 siegreich sein? Was genau war es, dass ihn für Millionen und Abermillionen zum Helden, zum Zhuxi, zum Großen Vorsitzenden, machte?« (Adolphi 2009: 8). Weiter möchte man fragen: Wie konnten gerade aus einer Kritik am sowjetischen Bürokratismus Hunderttausende Linke im Westen sich Mao und seinem fernen Land, seiner Kultur zuwenden und zu Maoisten werden? Wie kam es, dass Mao die politischen Strategien einer ganzen Generation von Sozialistinnen und Sozialisten inspirierte, sich Entwicklungstheoretiker und -praktiker, Freiheitskämpferinnen und Freiheitskämpfer für die Selbstbestimmung der Völker seinen Gedanken anschlossen? Wie erklärt es sich, dass es im Grunde eine maoistische Phase der weltkommunistischen Bewegung vor allem im globalen Süden gegeben hat, die sich von 1949 bis zum Ende des 20. Jahrhunderts erstreckt, von der Chinesischen Revolution bis zu den Guerilleros in den Regierungen von Nepal bis Kolumbien? Wie erklärt es sich, dass bis heute Redewendungen, Praxen und Haltungen, die auf Mao zurückgehen, noch so lebendig sind, ja in Belgien zum Aufstieg der wohl stabilsten Linkspartei Europas, der Belgischen Arbeiterpartei (PTB), geführt haben?

Dieser Band der Edition Marxismen will diesen Rätseln nachgehen und tut dies zugleich nicht mit den Mitteln des Historismus und der historischen Kontextualisierung. Er möchte den vielen Mao-Bildern und Projektionen keine weitere hinzufügen. Der Autor will keinen weiteren Beitrag zur Mao-Forschung leisten. Es geht darum, die von Mao vorgelegten Modifikationen im Marxismus, die er in Auseinandersetzung mit der chinesischen Gesellschaft unternahm und die sich dann, vermittelt durch den Sieg der Chinesischen Revolution, unter Millionen Menschen im globalen Süden als neue theoretische Überzeugungen und Begriffe sowie politische Praxen der Veränderung verbreiteten, sichtbar zu machen. Ziel ist, die allgemeineren theoretischen und strategischen Auffassungen Maos zu rekonstruieren, um auch sie als Flaschenpost in die Welt zu schicken – sie in die Hände einer jüngeren Generation von Marxistinnen und Marxisten zu legen, die die multipolare Welt anerkennen, die den Aufstieg des globalen Südens und Chinas nicht fürchten und zugleich aber die Risiken dieser neuen Weltordnung bearbeiten wollen, die sich prinzipiell als antiimperialistisch und solidarisch mit den Entwicklungsländern und ihren Bevölkerungen verstehen, die dann entscheiden mögen, was für die Theorie und Praxis der Befreiung von den Fesseln der postkolonialen imperialistischen Ausbeutung und Unterdrückung heute noch nützlich ist und was nicht.

Der Weg ins Leben... und zum Revolutionär

Mao Tse-tung – ausgesprochen: Zedong – kommt am 26. Dezember 1893 als »erster Sohn einer wohlhabenden Bauernfamilie zur Welt«. Das Leben des Heranwachsenden ist »bis heute von Legenden geprägt«, schreibt Felix Wemheuer, und Mao selbst habe »nicht viel dazu bei[getragen], mehr Klarheit zu schaffen«, auch weil seine Kindheit »nicht in die kommunistische Modellbiographie eines ausgebeuteten Bauernsohns« gepasst habe, »der sich wegen seiner Armut der Revolution anschließt« (Wemheuer 2010: 15). Mao habe »so gut wie nie über sich selbst« gesprochen, schreibt Edgar Snow in *Red Star Over China* – einem der einschlägigsten Berichte über die Chinesische Revolution und die Rolle Maos in derselben. Er habe »das Gefühl« gehabt, dass es »hoffnungslos« sei, von ihm »solche Details« zu erfahren (Snow 2018: 129).

Maos Familie besitzt einen Hektar Land, »was für chinesische Verhältnisse einem mittleren Betrieb« entspricht. Der Vater Mao Yichang beschäftigt einen, vielleicht auch mehrere Landarbeiter (ebd.: 130), zugleich aber muss die Familie »bei der Arbeit auf den Feldern und bei der Führung des Betriebs mithelfen«, auch Mao selbst, der »schon im Alter von sechs Jahren körperliche Arbeit geleistet haben« soll (ebd.; Wemheuer 2010: 16). Während Maos Kindheit wird die Familie durch »Reishandel« relativ wohlhabend, ist in der Lage, immer mehr Land hinzuzukaufen, und steigt zu »reichen Bauern« auf (ebd.: 131). Mao kommt dadurch, wie »[n]ur wenige Bauernsöhne« (Wemheuer 2010: 17) in einer Gesellschaft, in der 90 Prozent oder mehr Analphabeten sind (Lückenhaus 1958: 15), in den Genuss einer schulischen Ausbildung. Zwischen 1900 und 1906 besucht er die »Grundschule in Shaoshan [...], in der [...] die klassischen konfuzianischen Schriften gelehrt« werden und »die Vermittlung praktischen Wissens keine Rolle« spielt, weil die Kaiser »keine Notwendigkeit für eine Universalbildung der Massen« sahen (ebd.: 17).

Vor und nach der Schule arbeitet Mao in der elterlichen Landwirtschaft (Snow 2018: 131). In den Mao-Biografien würden, so Wemheuer, die Meinungen auseinandergehen, ob der spätere Revolutionär »bäuerliche Arbeit« gehasst oder geliebt habe. Es sei jedoch unstrittig, dass Mao »zum Leben als einfacher Bauer« nicht getaugt habe: »Als er Rinder hüten« muss, »vertieft er sich manchmal so sehr in seine Bücher, dass die Tiere davon[laufen] und Nachbars Felder leer fr[ess]en«. Der Vater wiederum hat »wenig Verständnis« für die intellektuelle Ausrichtung des Kindes und nötigt ihn, Buchhalter zu lernen. Während das Verhältnis zur Mutter Wen Qimei ein gutes ist und Mao über sie »warmherzig und lobend« berichtet (Wemheuer 2010: 18f.) – sie verteilt während der häufigen Hungersnöte Essen an die Hungernden (Snow 2018: 132) –, ist das Verhältnis zum Vater, der, wie die Mutter, nicht lesen und schreiben kann, angespannt. Mao nutzt die konfuzianische Bildung, um als »der ›Gelehrte‹ in der Familie« gegen ihn zu rebellieren, dem er mit Zitaten aus den Klassikern die »Pflichten des Älteren gegenüber dem Jüngeren« vorhält (ebd.:132f.; Wemheuer 2010: 18). Auch rebelliert er gegen seine Volksschullehrer, die prügeln: Er rennt weg und bricht, aus Angst vor Prügel daheim, als Zehnjähriger ganz aus, macht sich auf in die Stadt. Erst drei Tage später wird er von den Eltern wieder aufgegriffen (ebd.: 131). Dem Journalisten Snow erzählt Mao, dies seien Schlüsselerfahrungen gewesen.

Seine Sympathien gelten den Aufmüpfigen. Bis tief in die Nacht liest er »Geschichten der Rebellion« (ebd.: 133). Mao kennt auch die Gefühlswelt der Landarbeiter, weil er tagtäglich Seite an Seite mit ihnen arbeitet und mit seiner Mutter, dem Bruder und oft auch mit ihnen »eine ›Einheitsfront‹ der Opposition« gegen den Vater, »die herrschende Macht« bildet. Zugleich beobachtet Mao, wie »der alte Herr immer mehr ›Reichtum anhäufte‹ oder was im kleinen Dorf als großer Wohlstand erschien, [...] indem er viele Hypotheken auf anderer Leute Land aufkaufte« (ebd.: 132).

Snow erzählt auch von einer Schlüsselerfahrung, die Mao als Grundschüler gemacht habe: In Hunan kommt es zu einer Hungersnot. Der »Gouverneur in der Provinzhauptstadt Changsha« lässt »einfach rebellische Bauern enthaupten und ihre aufgespießten Köpfe zur Schau stellen« (Wemheuer 2010: 18). Mao habe, so wie »die meisten seiner Mitschüler«, mit der Rebellion sympathisiert. Den Aufstand diskutieren die Schüler tagelang. Sein Vater aber habe »trotz des Hungers« in der Region »noch Getreide in die Bezirkshauptstadt verkauft« (Snow 2018: 135f.). Die Rebellion setzt sich fort, als Mao 1907, im Alter von vierzehn Jahren, »gegen seinen Willen«, aber wie es auf dem Land immer noch üblich ist, mit einer vier Jahre älteren Frau verheiratet wird. Der Heranwachsende erkennt die Ehe nicht an, weigert sich, »mit seiner Frau zusammenzuziehen« (Wemheuer 2010: 19).

Wenige wissen heute, dass Mao ein sinnlicher und humorvoller Mensch war, der Gedichte schrieb. »Dichtende Staatsmänner« seien »heute eine Seltenheit«, schrieb die *Süddeutsche Zeitung* anlässlich der Erstveröffentlichung einer Anthologie von Maos Lyrik in deutschen Nachdichtungen. Auch ein Antikommunist wie Lückenhaus erkennt an: »Hätte Mao Tse-tung nicht schon in früher Jugend [...] seinen revolutionären Geist entdeckt, so wäre er vielleicht in seiner chinesischen Heimat ein angesehener Schriftsteller geworden«. Er habe in »glücklicher Weise« ein »Talent, seinen Gedanken klaren sprachlichen Ausdruck zu geben«, mit »dem Hang zum Philosophieren und Meditieren« vereinigt (Lückenhaus 1958: 80). Mao, so der Sinologe Schickel in einem langen literaturkritischen Essay über Maos Poetologie, sei die Widerlegung, »daß Waffen und Musen zugleich kaum sprächen« (Schickel 1967: 44).

So wenige Menschen sich Mao als Dichter vorstellen können, noch weniger können wohl ihr jeweiliges Mao-Bild mit der Vorstellung vereinbaren, dass der junge Mao eine Art Hippie war. Er empfindet sich als »kosmopolitischer Weltbürger« (Wemheuer 2010: 23). Dies findet ein Echo noch in seinen späteren Gedichten. Als im Oktober 1935 der Lange Marsch im roten Stützpunktgebiet Yan'an endet und sich Mao nach den unmenschlichen Strapazen verstärkt der Lyrik widmet, beschreibt er im gleichnamigen Gedicht die natürliche Schönheit von K'un-lun und wie er »gelehnt an den Himmel« sein »Zauberschwert« zieht,

dich zu zerhauen dreifach in Stücke!
Eines laß ich Europa,
eines geb ich Amerika,
eines behalt ich für China.
Großer Frieden über die Welt:
das Erdrund, sich teilend Kälte und Glut.

Mao fühlt revolutionär. Er will eine andere Welt, sieht die notwendige Modernisierung Chinas nicht in »einer vollständigen Verwestlichung«, sondern träumt mit dem chinesischen Reformer Kang Youwei von einer Fusion von Konfuzianismus und westlichen Ideen für die »Utopie einer Welt ohne Klassen, Staaten, Familie und Rassenunterschiede« (ebd.: 22). Youweis Bücher und die von Liang Qichao liest Mao »immer wieder, bis ich sie auswendig konnte« (zit.n. Adolphi 2009: 17). Im Jahr 1911 kommt es zur Revolution. Der 17-Jährige ist begeistert, liest die »revolutionäre Minli Bao«, Volksmacht-Zeitung (ebd.: 18f.), ist wohl direkt revolutionsbeteiligt (Lückenhaus 1958: 15).

Zugleich aber ist Mao geschädigt vom konfuzianischen Traditionalismus und der Vernunftehe und vom »Ideal des Individualismus« begeistert (Wemheuer 2010: 23). Im August 1918 erhält er die Chance, als Bibliothekar an der prestigeträchtigen Beijing-Universität ins »intellektuelle Zentrum des Landes« zu kommen. Es ist ein besonderer historischer Moment. Nachdem »[a]uf der Versailler Friedenskonferenz [...] die chinesischen Delegierten vergeblich« versucht haben, die chinesische Provinz Shandong, zu der auch die deutsche Kolonie Kiautschou gehört, »unter chinesische Oberhoheit zurückzuholen«, löst dies unter den Studenten an der Beijing-Universität die Bewegung des 4. Mai aus, »[e]ine leidenschaftliche Protestbewegung [...] gegen das Diktat von Versailles«, die »zur Geburtsstunde des chinesischen Kommunismus« wird. Eine »Gruppe marxistischer Studenten waren die Führer« und auch Mao Tse-tung ist beteiligt (Fischer 1956: 141).

In Beijing ist er erstmals mit dem Marxismus in Berührung gekommen. Die Oktoberrevolution hat ihn als ein Mittel der Befreiung und Modernisierung rückständiger und abhängiger Gesellschaften »weltweit populär gemacht«. Mao trifft in Beijing auch die führenden Marxisten Li Dazhao (1888-1927) und Chen Duxiu (1879-1942). Aber bei allem Interesse »für den russischen Kommunismus« sympathisiert er, wie »viele seiner gebildeten

Zeitgenossen«, noch sehr viel stärker mit anarchistischen Ideen, weil er die Vorstellung von der »Notwendigkeit einer gewaltsamen Revolution in China« zunächst ablehnt. Stattdessen liebäugelt er mit »den Ideen der gegenseitigen Hilfe und Kooperativen des russischen Anarchisten Pjotr Kropotkin«, in denen er eine »friedliche Alternative« erkennen will (Wemheuer 2010: 24). Im Jahr 1921 – Mao hat sich unter dem Eindruck der sowjetischen Ideen mittlerweile doch dem Marxismus zugewandt – wird in Shanghai die Kommunistische Partei gegründet. Im Juli beschließt sie, die Kuomintang als Vertreterin der nationalen Bourgeosie im Kampf für eine demokratische Revolution zu unterstützen. Mao ist involviert in Streiks. Für eine Gruppe von Maurern in Tschangscha, die aus Angst, durch Streikbrecher ersetzt zu werden, zögern, tatsächlich in den Streik zu treten, organisiert er stadtweite »Sympathiestreiks« (Lückenhaus 1958: 17). 1924 kommt es in China zur bürgerlichen Revolution. Am 22. Januar, einen Tag nach Lenins Tod, treten die »chinesischen Kommunisten in die Kuomintang« ein. Sie behalten »das Recht, sich als Partei zu organisieren«, unterstellen sich aber der »allgemeinen Disziplin der Kuomintang«. Deren Führer Chiang Kai-shek wird unbestrittener Anführer der Revolution und damit Nachfolger des verstorbenen Sun Yat-sen, der die bürgerliche Revolution von 1911 anführte und ihre

»Drei Volksprinzipien« aufstellte (Fischer 1956: 141f.). Das Weitertreiben der Revolution und ihrer sozialen und antiimperialistischen Forderungen durch die unteren Klassen sowie das immense Wachstum der Kommunistischen Partei und der von ihr gegründeten Gewerkschaften im Ergebnis der Bewegung vom 30. Mai 1925 beunruhigt den britischen Imperialismus. Unter »englischem Druck« bricht Chiang Kai-shek mit den Kommunisten und setzt darauf, ihre Partei zu zerschlagen. Im März 1926 beginnen die ersten »Massenverfolgungen und Massenverhaftungen«. Nach dem Einzug der Kuomintang in Nanjing löst Chiang am 26. März 1927 die offene Konterrevolution aus: Er macht sich zum Diktator und führt »einen schweren Schlag gegen die Gewerkschaften in Schanghai« durch, lässt »Hunderte von kommunistischen Organisatoren« verhaften und ermorden und unterdrückt auch »brutal eine Bauernrevolte, die wenige Monate später ausbrach«. Allein im Verlauf des Kalenderjahres 1927 dezimiert der »Weiße Terror« die Mitgliedschaft von 58.000 auf unter 10.000 – nichts mehr als »einige tausend Illegale« (ebd.: 142f.). Insgesamt bezahlen Hunderttausende, womöglich mehr als eine Million tatsächliche oder mutmaßliche Kommunisten ihn mit dem Leben. Frauen mit Kurzhaarschnitt und ungebundenen Füßen werden besonders verfolgt und auf Verdacht ermordet, weil sie als Radikale gelten.

Für die KPCh ist der Weiße Terror eine existenzielle Krise. Ihre Träger sind nicht mehr da, viele Theoretiker und Vordenker, darunter die Revolutionärin Xiang Jingyu, sind ermordet worden. Die Massenpartei hängt nun an Einzelpersonen. Die KP-Führer in den Städten, darunter viele, die eine urbane Revolution nach sowjetischem Vorbild anstreben, werden weiterhin reihenweise ermordet. Aus der Not heraus entwickelt Mao nun seine Revolutionsstrategie der roten Stützpunktgebiete: Das Land erobert die Städte, nicht umgekehrt. Mao erscheint die urbane Revolution als Abenteurertum, aber er hat auch kaum eine andere Wahl. Maos Strategie sei, schreibt die damalige KPD-Funktionärin Ruth Fischer, im Kern keine »wohlüberlegte strategische Wendung«, sondern »durch die Polizeimacht« Chiangs in den großen Städten erzwungen: Klar geworden sei, »daß jeder weitere Versuch«, die Partei »in den Städten [...] zu konservieren, [...] aussichtslos war. Das städtische Proletariat war entmutigt und apathisch, enttäuscht und den kommunistischen Einflüssen nur noch schwer zugänglich«. Infolgedessen hätten Mao und Zhu De, Oberkommandierender der Volksbefreiungsarmee, »die Häuflein der Versprengten« gesammelt und im für Chiang schwer zugänglichen »Bergland« der Provinz Jianxi organisiert. Die kommunistische Partisanenbewegung findet nun durch die »rücksichtslose Expropriation des Großgrundbesitzes« Rückhalt unter der lokalen Bauernbevölkerung. In Juichin in Jianxi ermöglicht dies die Gründung der »erste[n] Chinesischen Sowjetrepublik«, wo »das gewaltsam enteignete Land an die armen Bauern verteilt und entsprechende revolutionäre Dorfsowjets« eingesetzt werden. Ende 1930 ist Maos »rote Partisanenarmee stark genug«, um Chiang »erneut als eine ernste kommunistische Gefahr zu erscheinen«. Der Diktator will die Kommunisten endgültig vernichten und unternimmt »die erste seiner fünf Kampagnen zur Durchsetzung« dieses Ziels (ebd.: 143f.).

Der lange Marsch

Mao spricht von der Ära zwischen 1927 und 1937 als der Phase der zehnjährigen Agrarrevolution. In diese Zeit der Gründung roter Stützpunktgebiete und Chiangs Versuchen, die KPCh auszurotten, tritt ein neuer Faktor hinzu. Im Windschatten des Bürgerkriegs gegen die Kommunisten, der die Kuomintang absorbiert, weitet sich der japanische Imperialismus aus. Am 17. September 1931 nehmen seine Okkupationstruppen die Mandschurei ein. Es folgen Zersetzungserscheinungen des Staates. Die Kuomintang lassen die Japaner gewähren.

Rückblickend spricht Mao über die Phase von der Konterrevolution nach 1927 davon, dass »die Bourgeoisie, durch die Kuomintang vertreten, Verrat an der Revolution geübt« und dann »die nationalen Interessen an den Imperialismus verschachert« habe. Im Ergebnis sei in der Phase von 1927 bis 1937 »die Kommunistische Partei nicht umhin« gekommen, »allein die Aufgabe der nationalen und demokratischen Revolution zu übernehmen« (Mao 1937a: 309).

Weil aber die Katastrophe die Kommunisten stärkt, intensiviert Chiang seine antikommunistische Initiative – mit Erfolg. Mit dem Staatsapparat im Rücken und von deutschen Fachleuten beraten, »darunter General von Falkenhausen«, vernichtet er die Sowjetrepublik von Jianxi »ebenso entscheidend, wie er die Partei in Schanghai und Kanton geschlagen hat« (Fischer 1956: 145). Am 16. Oktober 1934 beginnen Mao und seine Verbündeten infolgedessen den »Langen Marsch«. Es ist ein Rückzug ums Überleben. Die Rote Armee macht sich mit 86.000 Soldaten »in Südchina auf den Weg in das rote Stützpunktgebiet in Shaanxi in Nordchina«. Die Parteiführung ist überzeugt, dass man dort die »Unterstützung der Sowjetunion erhalten« wird. Am Ende dauert der »12.500 Kilometer« lange Marsch durch das westchinesische Hochgebirge »370 Tage«. Nach 1949 wird er zum »zentralen Heldenepos der chinesischen Revolution« – in »unzähligen Büchern und Filmen« als »Mythos [...] reproduziert«. Zunächst aber beginnt er mit weiteren schweren Niederlagen: In einer einzigen Schlacht verlieren die Kommunisten »über 40.000 Soldaten«. Dies ist auch Ergebnis fataler Fehlentscheidungen: Der KP-Führer Bo Gu und Otto Braun, ein von der Kommunistischen Internationale entsandter Militärberater und einziger Nichtchinese auf dem Langen Marsch, verfolgen »die Strategie offener Feldschlachten im Gegensatz zu Maos beweglichem Partisanenkrieg«. Es kommt zu einem »chaotische[n] Rückzug«. Bo und Braun sind diskreditiert. »Auf der Konferenz von Zunyi im Januar 1935 wird die Führungsriege Bo und Braun abgesetzt. Die Konferenz wählt Mao in die dreiköpfige ›Kommission für militärische Angelegenheiten‹, die das Kommando über die Armee« innehat. Bei der Vereinigung von Maos Armee mit der »4. Frontarmee unter Führung Zhang Guotaos« kommandiert Mao indes immer noch nur 7.000, Zhang aber 80.000 Soldaten. Doch weil Zhang sich weigert, mit Mao weiter nach Norden zu ziehen, und dann militärisch von »Warlords« völlig aufgerieben wird, steigt Mao endgültig zum »unumstrittene[n] Führer« auf (Wemheuer 2010: 48-50). In den innerparteilichen Richtungskämpfen mit der rechten Fraktion um Chen Duxiu, die

»pro-Kuomintang« ist, und einer linken Gruppe um Li Lisan, die Lenins proletarischem Avantgardekonzept anhängt, setzt er sich gegen den Willen Moskaus durch, weil er jetzt »der einzige« ist, der noch »eine wachsende kommunistische Bewegung um sich gruppiert« hat. So habe die »unorthodoxe Parteiorganisation des Soldaten-Bauern-Führers Mao« gesiegt (Fischer 1956: 144f.).

Der Schwenk der Komintern im Sommer 1935 auf die »Volksfrontpolitik«, die in Frankreich und Spanien zum Eintritt von Kommunisten in bürgerliche Regierungen führt, ist dann ein weiterer wesentlicher Faktor für den Aufstieg Maos. Die UdSSR drängt aus Sorge vor einem Zweifrontenkrieg infolge eines Überfalls durch Nazideutschland im Westen und dem mit ihm durch den Anti-Komintern-Pakt verbündeten japanischen Imperialismus darauf, dass KPCh und Kuomintang ihren Bürgerkrieg beenden und eine Einheitsfront gegen die japanischen Okkupanten bilden. Das ist, trotz des unfassbaren Blutzolls, den der »Weiße Terror« forderte, auch Maos Position. Noch weigert sich Chiang Kai-Shek jedoch, »Japan den Krieg zu erklären, weil er einen Kampf für aussichtslos« hält (Wemheuer 2010: 52).

Im Oktober erreichen 8.000 bis 9.000 Überlebende des Langen Marsches das rote Stützpunktgebiet in Yan'an. Mao wird »die nächsten zwölf Jahre seines Lebens in einer

Höhle in der ärmlichen Lössregion verbringen« (ebd.: 53). Hier wird er einen signifikanten Teil seiner politischen, militärischen, philosophischen, aber auch literarischen Schriften verfassen. Der Lange Marsch erscheint Mao im Ergebnis einerseits als Niederlage, insofern die Kommunisten die alten roten Stützpunktgebiete aufgeben mussten, aber auch als Sieg, weil der »Plan der ›Einkreisungs- und Ausrottungsfeldzüge‹« der Kuomintang missglückt sei. Nun jedoch orientiert Mao auf eine zweite nationale Einheitsfront mit ebendiesen: »Der japanische Imperialismus« habe »begonnen, eine Politik der völligen Unterwerfung Chinas zu betreiben. Deshalb wurden die Widersprüche zwischen gewissen anderen imperialistischen Staaten und China an die zweitrangige Stelle verdrängt, und die Kluft der Widersprüche zwischen allen diesen imperialistischen Staaten und dem imperialistischen Japan wurde dadurch vergrößert«. Infolgedessen habe sich »für die Kommunistische Partei Chinas und das chinesische Volk die Aufgabe ergeben, die antijapanische nationale Einheitsfront in China mit der Friedensfront der Welt zu verbinden.« Das heiße, »daß China sich nicht nur mit dem festen und guten Freund des chinesischen Volkes, der Sowjetunion, vereinigen« müsse, »sondern auch nach Möglichkeit auf gemeinsamem Kampf gegen den japanischen Imperialismus abzielende Beziehungen zu jenen imperialistischen Staaten aufnehmen sollte, die gegenwärtig den Frieden zu erhalten wünschen und gegen einen neuen Aggressionskrieg auftreten« (Mao 1937a: 310).

Die neuen Parolen für diese Phase der nationalen Einheitsfront sind: »Festigt den Frieden!« (im Inneren im Sinne einer Beendigung des Bürgerkriegs), »Kämpft um die Demokratie!« (im Sinne der Einheitsfront mit der nationalen Bourgeoisie und einer demokratischen Revolution als Voraussetzung für den Kampf gegen die feudale Grundherrschaft) und »Führt den Widerstandskrieg gegen Japan!« (im Sinne der Herstellung der nationalen Souveränität als Voraussetzung des Kampfes für den Sozialismus). Dies seien die Forderungen, »[w]eil wir den Wagen der Revolution ein Stück vorantreiben wollen« (Mao 1937b: 336). Den Kritikern, die kein Gewicht auf Demokratie und Nationalversammlung legen wollen, hält Mao entgegen: »Wenn ein Werk aus zwei Teilen besteht, so kann man erst dann, wenn man den ersten Teil beendet hat, den zweiten Teil schreiben. Eine entschlossene Führung der demokratischen Revolution« sei die »Voraussetzung für den Sieg des Sozialismus. Wir kämpfen für den Sozialismus, und das unterscheidet uns von jedem Anhänger der revolutionären Drei Volksprinzipien« (ebd.: 341): Nationalismus, Demokratie, Volkswohl (Mao 1939b: 285).

Mao stellt sich gegen Trotzkis Theorie der »permanenten Revolution« (vgl. hierzu Band 10 der *Edition Marxismen*), in der er »Abenteurertum und Fiebrigkeit« erkennen will (Mao 1937b: 342). Er schreibt: »Wir sind Verfechter der Theorie des Hinüberwachsens der Revolution, wir sind für das Hinüberwachsen der demokratischen in die sozialistische Revolution. Die demokratische Revolution wird unter der Losung der demokratischen Republik einige Entwicklungsetappen durchlaufen. Der Übergang von der Vormacht der Bourgeoisie zur Vormacht des Proletariats« werde ein »langwieriger Prozeß des Kampfes sein, eines Kampfes um die Hegemonie, dessen Ausgang von der Tätigkeit der Kommunistischen Partei zur Hebung des Bewußtseins und Organisationsgrades des Proletariats sowie der Bauernschaft und des städtischen Kleinbürgertums abhängen« werde. »Ein fester Verbündeter des Proletariats« sei »die Bauernschaft und nach dieser das städtische Kleinbürgertum. Die Bourgeoisie hingegen ist unser Rivale im Kampf um die Hegemonie. Um die Schwankungen und die Inkonsequenz der Bourgeoisie zu überwinden«, müssten die Kommunisten sich »auf die Kräfte der Volksmassen stützen und eine richtige Politik betreiben«, sonst werde »die Bourgeoisie die Oberhand über das Proletariat gewinnen«. Man wolle ein »Hinüberwachsen ohne

Blutvergießen« und müsse »danach streben; ob wir das erreichen werden«, hänge »jedoch von der Stärke der Volksmassen« ab. Man sei »der Meinung, daß wir zum Sozialismus gelangen werden, nachdem alle notwendigen Entwicklungsstufen der demokratischen Republik durchlaufen« seien (ebd.: 341f.).

Von 1937 bis 1945 kommt es also zur »zweiten nationalen Einheitsfront«, diesmal gegen den japanischen Imperialismus. Dieser Kampf, der zugleich ein Teil des globalen antifaschistischen Kriegs gegen die Achsenmächte (Deutschland, Italien, Japan) ist, endet 1945 mit dem Sieg über Japan. Die beiden Parteien in der Einheitsfront, die ihre Eigenständigkeit behielten, nehmen daraufhin den Bürgerkrieg wieder auf. In nur vier Jahren siegen die Kommunisten und es kommt 1949 zur Gründung der Volksrepublik. Die Kuomintang fliehen als Okkupanten nach Taiwan – mit dem Ziel, Festlandchina militärisch zurückzuerobern.

Sinisierung des Marxismus

Zu den wesentlichen Schriften Maos, die in Yan'an entstehen und der politischen Bildung sowie dem Partei(wieder)aufbau im roten Stützpunktgebiet dienen, gehört der Korpus seiner philosophischen Werke. Sie laufen auf eine Sinisierung des Marxismus hinaus. Mao entwickelt darin – anhand der Marx'schen und Engels'schen Schriften, vor allem aber auch in der Vermittlung der Werke von Lenin und auch Stalin – seine Lesart der dialektisch-materialistischen Denkbewegungen in einer originellen Anwendung derselben auf die chinesischen Verhältnisse. Diese sind von ökonomischer Unterentwicklung, einer Mischung aus feudalistischen und kapitalistischen Ausbeutungsverhältnissen sowie halbkolonialer Abhängigkeit und imperialistischer Okkupation gekennzeichnet. Maos philosophische Schriften sind bis heute aufschlussreich. Sie zeigen einen Intellektuellen, dessen undogmatische Denkweise und dialektische Schärfe er in den Dienst der Befreiung Chinas von den drei großen Feinden der Volksmassen stellt: Feudalismus, Kapitalismus und Imperialismus. Er lege »der Theorie darum und nur darum ernste Bedeutung bei, weil sie die Anleitung zum Handeln sein kann«, schreibt er 1937 in seiner programmatischen Schrift *Über die Praxis*. »Wenn man über eine richtige Theorie« verfüge, »sie aber nur als etwas behandelt, worüber man einmal schwatzt, um es dann in die Schublade zu legen, was man jedoch keineswegs in die Praxis umsetzt«, dann werde »diese Theorie, so gut sie auch sein mag, bedeutungslos« (Mao 1937c: 358).

Der Marxismus soll also in diesem Sinne Handlungsanleitung für eine bessere Zukunft für China und seine Volksmassen sein.

Die Oktoberrevolution ist für die Unzufriedenen und Modernisierer in China ein Weckruf erster Güte. Sie ist, was in den – ehemaligen – kapitalistischen Zentren bis heute viele nicht verstanden haben, für die kolonialisierten und vom Imperialismus abhängigen, ausgebeuteten Länder zentraler Ankerpunkt und leuchtendes Vorbild. Das gilt auch für Mao, der in ihr die Zukunft der Weltgeschichte und den Gegenpol zum zu überwindenden Kapitalismus sieht (Mao 1939d: 307). Mao imponiert der sowjetische Bruch mit Kapitalismus und Imperialismus. In dem, was später die Dritte Welt genannt werden und heute als »globaler Süden« bezeichnet wird, wird die UdSSR nicht von einem abstrakten, utopisch-sozialistischen Standpunkt aus bewertet, also ob sie denn alle Ideale des Sozialismus verwirklicht habe oder nicht. Sie wird bewertet anhand ihres Erfolgs, sich vom Imperialismus zu befreien und eine unabhängige wirtschaftliche Entwicklung zu nehmen. Und sie wird bewertet gemäß ihrer Positionierung zu den antiimperialistischen Kämpfen in den jeweils eigenen Ländern: Sie steht auf der Seite der Bevölkerungen, die sich vom Imperialismus und der Unterentwicklung befreien wollen (Adolphi 2009: 9).

Mao beschreibt das allgemeine Ziel seines Handelns so: Es geht ihm um den »Kampf des Proletariats und der revolutionären Völker für die Umgestaltung der Welt«. Dieser ziele auf die »Verwirklichung folgender Aufgaben« ab: »die Umgestaltung der objektiven Welt sowie die Umgestaltung der eigenen subjektiven Welt – des eigenen Erkenntnisvermögens und der Beziehungen zwischen subjektiver und objektiver Welt«. In der UdSSR sei »diese Umgestaltung schon im Gange«, beschleunige man sie. Das »chinesische Volk und die Völker der ganzen Welt« durchliefen »gegenwärtig ebenfalls diesen Prozeß oder werden ihn durchlaufen. Die umzugestaltende objektive Welt« schließe »auch alle Gegner der Umgestaltung ein [...]. Wenn es so weit« sei, »daß die ganze Menschheit sich selbst und die Welt bewußt umgestaltet«, dann werde »die Epoche des Kommunismus in der ganzen Welt erreicht sein.« Das Ziel sei »die vollständige Beseitigung der Finsternis in der Welt und in China und die Umwandlung in eine noch nie dagewesene lichtvolle Welt« (Mao 1937c: 363).

Mao stützt sich in seinen philosophischen Arbeiten maßgeblich auf Lenin und sein Werk *Marxismus und Empiriokritizismus*. Die zwei – in Yan'an verfassten – wesentlichen Aufsätze *Über die Praxis* und *Über den Widerspruch* fallen in die Zeit unmittelbar nach Ende des Langen Marsches, als die bis dahin dissidente, unorthodoxe

Linie Maos sich in der Partei durchgesetzt hat und die Einheitsfront mit den Kuomintang aktiv vorangetrieben wird. Mao verortet seine philosophischen Arbeiten im Spannungsfeld von zwei verschiedenen Gruppen innerhalb der KPCh, die er als »Dogmatiker« und »Empiristen« bezeichnet. Gemeint sind damit zum einen diejenigen, die die von Marx und Engels für die entwickelten kapitalistischen Länder entworfene Vorstellung von der Revolution, getragen vom Industrieproletariat in den Städten, schablonenhaft auf China übertragen und dementsprechend den Antagonismus von Kapital und Arbeit den Gegensätzen von Großgrundbesitz und Landarmen sowie von kolonialisierter Nation und Imperialismus überordnen. Mit den »Empiristen« sind pragmatische Kräfte gemeint, deren politisches Handeln nicht von Theorie angeleitet wird und schon allein darum zum Scheitern verurteilt sei. Die »Dogmatiker« hätten, schreibt Mao, »lange Zeit die Erfahrungen der chinesischen Revolution verw[o]rfen« und die »Wahrheit [geleugnet]«, dass »der Marxismus kein Dogma ist, sondern eine Anleitung zum Handeln«. Sie würden »die Menschen mit einzelnen, verständnislos aus dem Zusammenhang gerissenen Worten und Sätzen aus marxistischen Werken einschüchtern« wollen. Als »Vertreter des Empirismus« erscheint »eine andere Gruppe von Genossen [...], die sich lange Zeit an ihre eigenen, fragmentarischen Erfahrungen klammerten« und »die Bedeutung der Theorie für die revolutionäre Praxis« ebenso wenig wie »die Lage der Revolution« verstünden. Sie gäben sich zwar »viel Mühe, arbeiteten aber ins Blinde hinein« (ebd.: 347f.).

Über die Praxis: Maos Auffassung vom dialektischen Materialismus

Maos Schrift *Über die Praxis* zielt darauf ab, die Praxis als wesentliches Element der marxistischen Theorie herauszuarbeiten: »Der vormarxsche Materialismus« habe »das Problem der Erkenntnis losgelöst vom gesellschaftlichen Charakter des Menschen und von seiner geschichtlichen Entwicklung« betrachtet und darum »die Abhängigkeit der Erkenntnis von der Produktion und vom Klassenkampf« nicht begriffen. Nach marxistischem Verständnis sei die »Produktionstätigkeit der Menschen die allerwesentlichste praktische Tätigkeit, die jede andere« bestimme. Das, was Menschen tagtäglich tun, sei »die Hauptquelle für die Entwicklung der menschlichen Erkenntnis«. Zugleich sei aber der menschliche Praxisalltag nicht nur von Arbeit und Produktionsverhältnissen gekennzeichnet, sondern habe »noch viele andere Formen: den Klassenkampf, das politische Leben, die wissenschaftliche und künstlerische Tätigkeit«. Die Bewusstseinsbildung der vergesellschafteten Menschen sei darum keine bloße Widerspiegelung ihrer Arbeitsbeziehungen, sondern ihres gesamten menschlichen Beziehungsseins: »Unter diesen Formen der gesellschaftlichen Praxis« übe »vor allem der Klassenkampf in seinen verschiedensten Formen einen tiefwirkenden Einfluß auf die Entwicklung der menschlichen Erkenntnis aus. In der Klassengesellschaft lebt jeder Mensch in einer bestimmten Klassenlage, und es gibt keine Ideen, die nicht den Stempel einer Klasse trügen« (Mao 1937c: 347f.).

Marxismus versteht Mao als ein höheres Bewusstseins einer Gesellschaft von sich selbst. Seine Richtigkeit als Wissenschaft erweise sich in der Praxis. Im Kern sagt Mao: Ist eine Praxis erfolgreich, ist dieser Erfolg Ausdruck von Wissenschaftlichkeit, hat sie Misserfolg, ist dies Ausdruck einer falschen Analyse. Erfolg setze also voraus, dass die Menschen »ihre Ideen in Übereinstimmung mit den Gesetzmäßigkeiten der Außenwelt«, mit den Marx'schen Tendenzgesetzen und Gegentendenzen, »bringen«. Dann könnten sie »Niederlagen in Siege verwandeln«. Die Praxis lebt darum von Fehlerfreudigkeit. Die Theorie will ausprobiert werden. Erweist sie sich nicht als nützlich, als zweckdienlich, ergibt sich daraus die Notwendigkeit einer anderen Praxis und Theorie. Für die marxistische Philosophie gelte, dass »die Theorie von der Praxis abhängt, daß die Praxis die Grundlage der Theorie bildet und die Theorie ihrerseits der Praxis« diene. Bis heute steckt Maos Geist im »Sozialismus chinesischer Prägung«: In einzelnen Provinzen werden neue Praxen ausprobiert, sind sie von Erfolg gekrönt, dehnt man sie auf weitere Provinzen aus. »Das Kriterium der Wahrheit« könne, schreibt Mao, »nur die gesellschaftliche Praxis sein«. Dies sei »der erste und grundlegende Gesichtspunkt der Erkenntnistheorie des dialektischen Materialismus« (ebd.: 349f.).

Mao schließt dabei an Lenins Einschätzung an: »*Die Praxis ist höher als die (theoretische) Erkenntnis*, denn sie hat nicht nur die Würde des Allgemeinen, sondern auch der unmittelbaren Wirklichkeit« (zit.n. ebd.: 349). Mehr noch: Die »marxistische Philosophie« sei die Auffassung, dass es keine Erkenntnis jenseits der Praxis von Klassen gebe. Nur wer handelt, begreife auch. Dabei sei der dialektische Materialismus die Philosophie, die im Dienst des Proletariats steht. Mao unterscheidet, weiter an Lenin anschließend, zwei verschiedene Stufen der Erkenntnis: die »sinnliche« und die »rationale« bzw. »logische« Erkenntnis. Die »eigentliche Aufgabe der Erkenntnis« bestehe darin, »vom Empfinden zum Denken und somit dahin zu gelangen, sich Schritt für Schritt über die inneren Widersprüche der objektiv existierenden Dinge, über ihre Gesetzmäßigkeiten, über den inneren Zusammenhang zwischen dem einen und dem anderen Prozeß klarzuwerden, das heißt zur logischen Erkenntnis zu kommen« (ebd.: 351).

Die »sinnliche Erkenntnis« sei die »Stufe der Empfindungen und Eindrücke«. Sie verbleibt auf der Ebene der »Erscheinungen«. Als Beispiele nennt Mao eine Gruppe von Leuten, die nach Yan'an kam, um sich einen Eindruck vom roten Stützpunktgebiet zu verschaffen. Diese Gruppe nehme »die Erscheinungen der Dinge« als »Eindrücke« im Gehirn auf, aber sie könne auf dieser Grundlage »noch keine tiefgehenden Begriffe bilden und keine folgerichtigen (d.h. der Logik entsprechenden) Schlüsse ziehen«. Erst mit der gesellschaftlichen Praxis »wiederholen sich mehrmals die Dinge, die bei den Menschen in ihrer praktischen Tätigkeit Empfindungen und Eindrücke hervorrufen« würden. Diese Praxis ist für Mao die Voraussetzung, dass »im menschlichen Gehirn ein Umschlag (d.h. Sprung) im Erkenntnisprozeß« eintrete. Die wiederholende Praxis verdichtet sich in sinnlichen Empfindungen und so entstünden Begriffe. »Der Begriff spiegelt schon nicht mehr die Erscheinung der Dinge, ihre einzelnen Seiten und den äußeren Zusammenhang zwischen ihnen wider; er erfaßt das Wesen der Dinge, ihre Totalität und ihren inneren Zusammenhang.« Zwischen Begriff und

Empfindung bestehe »nicht nur ein quantitativer, sondern auch ein qualitativer Unterschied«. Bezogen auf das Beispiel der Studiengruppe könne diese jetzt auf der Grundlage ihres Materials ein Urteil fällen, das auf die Praxis bezogen ist. »Im Gesamtprozeß der Erkenntnis eines Dinges durch die Menschen« sei »diese Stufe der Begriffe, Urteile und Schlußfolgerungen eine noch wichtigere Stufe, nämlich die Stufe der rationalen Erkenntnis« (ebd.: 350f.).

Diese »rationale« beziehungsweise »logische Erkenntnis« unterscheide sich »von der sinnlichen Erkenntnis dadurch, daß die sinnliche Erkenntnis die einzelnen Seiten der Dinge, ihre Erscheinung und den äußeren Zusammenhang zwischen ihnen« betreffe, »während die logische Erkenntnis einen gewaltigen Schritt vorwärts« mache, »zur Totalität der Dinge, zu ihrem Wesen und zum inneren Zusammenhang« vorstoße, »zur Aufdeckung der inneren Widersprüche der Umwelt« gelange. Dadurch sei »die logische Erkenntnis imstande, die Entwicklung der Umwelt in ihrer Gesamtheit und im inneren Zusammenhang aller ihrer Seiten zu erfassen«. Die Praxis, das wiederholende Tätigsein, die »komplizierte und sich ständig wiederholende Praxis der Produktion und des Klassenkampfes«, ist also wesentliches Mittel, ja Voraussetzung der theoretischen Erkenntnis selbst. Sie erlaube es, »von der Oberfläche in die Tiefe« zu dringen. Das sei, was in

»vormarxistischer Zeit von niemandem ausgearbeitet worden« sei. Der Marxismus habe erstmalig »die sich vertiefende Bewegung der Erkenntnis dargestellt« (ebd.: 351f.). Im Kern sagt Mao: Nur das, was ich tue, empfinde ich, und nur die Tätigkeit, die ich wiederhole, führt zum Begreifen einer Sache. Nur wer pflegebedürftige Menschen betreut, versteht den Pflegeberuf; nur wer Kinder aufzieht, weiß wirklich, wie kindliche Bedürfnisse sich ausprägen und entwickeln.

Sinnliche und logische Erkenntnis bilden dabei für Mao eine Einheit. Die sinnliche Erkenntnis stehe zwar einerseits auf der »niederen Stufe«, andererseits aber sei sie »im Erkenntnisprozeß« als »sinnliche Erfahrung das Primäre« (ebd.: 356). Beide Stufen seien »Stufen im einheitlichen Erkenntnisprozeß. Das Sinnliche und das Rationale vereinigen sich auf der Grundlage der Praxis. Unsere Praxis beweist: Wenn wir etwas wahrgenommen haben, können wir es nicht sofort begreifen; erst wenn wir begriffen haben, können wir es tiefer wahrnehmen. Die sinnliche Wahrnehmung löst nur das Problem der äußeren Erscheinung; das Problem des inneren Wesens wird erst durch die Theorie gelöst« (ebd.: 352). Mit anderen Worten: Man muss also etwas – Arbeit, Klassenkampf, Liebe – tun, um überhaupt etwas wahrzunehmen; hierauf aber fußt die Theorie, die wiederum die Praxis verändert, weil sie dem Tun seine innere Logik begrifflich abgewinnt und die gebildete Theorie hilft – den Organisationsprozess der Arbeit wie des politischen Kampfes und der Beziehungsarbeit – zu verbessern. Die Wiederholung in der Praxis bedeutet: Je länger man im Arbeitsprozess, politischen Kampf oder der Liebesbeziehung ist, desto mehr begreift man die Fallstricke, erkennt die Muster, lernt Fehler zu vermeiden.

Entscheidend ist also das praktische Tun: »Kein Mensch« könne »ein Ding erkennen, wenn er nicht mit ihm in Berührung kommt; das heißt, wenn sein eigenes Leben (seine Praxis) nicht in dem Milieu dieser Dinge« verlaufe (ebd.: 352). Wer »die Empfindungen« verneine, die »unmittelbare Erfahrung« leugne und die »persönliche Teilnahme an der die Wirklichkeit verändernden Praxis« ablehne, sei »kein Materialist« (ebd.: 354); wer »der Meinung« sei, »die rationale Erkenntnis brauche nicht aus der sinnlichen Erkenntnis zu entspringen«, sei »ein Idealist« (ebd.: 356). Mit anderen Worten: Die Lage der arbeitenden Klassen versteht am besten, dessen Klassenlage entsprechend ist. Über Sex lässt sich zwar theoretisch sprechen, aber auf den Grund kommt man ihm nur durch den Geschlechtsverkehr.

Mao richtet sich mit dieser »Dialektik der Erkenntnistheorie« in »der Geschichte der Philosophie« also sowohl gegen die »Richtung des sogenannten ›Rationalismus‹« als auch gegen den »Empirismus«. Der *Rationalismus* habe »nur die Realität der Vernunft« anerkannt und die »Realität der Erfahrung« verneint, weil er »der Meinung war, nur die Vernunft sei zuverlässig, während die durch sinnliche Wahrnehmung gewonnene Erfahrung unzuverlässig sei.« Der »Fehler dieser Richtung« habe darin bestanden, »daß sie die Tatsachen auf den Kopf stellte. Das Rationale« sei ja »gerade deshalb zuverlässig, weil es seinen Ursprung in der sinnlichen Wahrnehmung« habe, »andernfalls würde es zu einem Fluß ohne Quelle, zu einem Baum ohne Wurzeln, wäre es etwas nur subjektiv Entstandenes, Unzuverlässiges« (ebd.). »Alle echten Kenntnisse«, schreibt Mao, stammen »aus der unmittelbaren Erfahrung« (ebd.: 353).

Umgekehrt aber dürfe man nicht den Fehler des *Empirismus* machen, der »auf der niederen Stufe, der Stufe der sinnlichen Erkenntnis« verharrt und annimmt, »nur die sinnliche Erkenntnis sei zuverlässig, die rationale Erkenntnis aber unzuverlässig«. Der Rationalismus irre in der Vorstellung, jemand könne »die Augen« verschließen, »die Ohren« verstopfen »und sich völlig von der objektiven Außenwelt absonder[n]«, woraus aber keine Erkenntnis erwachsen könne. Der Fehler des Empirismus, dessen Anhänger Mao auch als »vulgäre Praktizisten« bezeichnet, liege »in der mangelnden Kenntnis dessen, daß die Sinnesangaben zwar eine Widerspiegelung gewisser Realität der objektiven Außenwelt« seien, »jedoch nur etwas Einseitiges und Oberflächliches« bleiben müssten. Um zur »vollständigen Widerspiegelung der Dinge« als Voraussetzung zum Begreifen ihres Wesens zu gelangen, müsse man »durch den Denkprozeß mannigfaltige Sinnesangaben verarbeiten, d.h. die Spreu vom Weizen sondern, das Falsche ausmerzen und das Wahre behalten, vom einen zum anderen fortschreiten, von der Oberfläche in den Kern eindringen und dadurch ein System von Begriffen und Theorien schaffen« (ebd.: 356f.).

»Marx, Engels, Lenin und Stalin« hätten, schreibt Mao gegen den theoretischen Abstraktionismus, ihre »Theorie hauptsächlich deswegen aufstellen« können, »weil sie zu ihrer Zeit persönlich in der Praxis des Klassenkampfes und der wissenschaftlichen Experimente teilgenommen« hätten. (ebd.: 352). Die Vertreter des Empirismus wiederum würden »die Erfahrung hoch [schätzen], [...] aber die Theorie gering [achten]«, was zur Folge habe, dass sie »keine Übersicht über den objektiven Prozeß in seiner Gesamtheit gewinnen« könnten. »Leiteten solche Menschen die Revolution an«, so Mao, »würden sie diese in eine Sackgasse führen« (ebd.: 357). »Ohne revolutionäre Theorie«, bezieht sich Mao auf Lenin, könne »es auch keine revolutionäre Bewegung geben«: In der Philosophie verstünden »weder der ›Rationalismus‹ noch der ›Empirismus‹ den historischen oder dialektischen Charakter der Erkenntnis und obwohl jede dieser Richtungen eine Seite der Wahrheit« enthalte, vorausgesetzt man spreche »hier vom materialistischen und nicht vom idealistischen Rationalismus und Empirismus«, seien sie »vom Standpunkt der Erkenntnistheorie in ihrer Gesamtheit betrachtet, beide falsch« (ebd.: 358).

Man kann Maos emphatische Betonung der Praxis auch als Warnung an die marxistischen Intellektuellen lesen. Ihnen sagt er: Ohne Anbindung an die Praxis verändert ihr nicht nur nichts; ihr versteht auch nichts. Für den marxistischen Intellektuellen ergibt sich daraus aber auch: Er muss sich an die Seite der organisierten Arbeiterbewegung stellen, weil er nur so überhaupt lernen kann, was sich in den Kapillaren der kapitalistischen Gesellschaft abspielt. Denn es seien »die praktisch tätigen Menschen in aller Welt, die wirklich über ein persönlich erworbenes Wissen verfügen; diese Menschen erlangen im Verlauf ihrer praktischen Tätigkeit jene ›Kenntnisse‹, die durch die Vermittlung des geschriebenen Wortes und der Technik in die Hände der ›Gelehrten‹ geraten, der in die Lage kommt, indirekt die ›Vorgänge in der Welt zu kennen‹« (ebd.: 352f.). Der marxistische Intellektuelle ist

Lehrender, vor allem aber *Lernender*. Es bedarf einer dialogischen Pädagogik des wechselseitigen Lernens, würde Antonio Gramsci sagen; nur dann wird aus einem traditionellen ein organischer Intellektueller der Arbeiterklasse (vgl. hierzu Band 13 der *Edition Marxismen*).

Was für die Analyse, also das theoretische Verständnis des Kapitalismus, seiner Funktionsweise und seines Entwicklungsstands gilt, gilt erst recht für die praktische Veränderung der Gesellschaft, den Klassenkampf. Um die »Geschichte als eine Geschichte der Klassenkämpfe« begreifen zu können, müsse der marxistisch Denkende »persönlich [...] am praktischen Kampf zur Veränderung der Wirklichkeit« teilnehmen. Mao wirbt letztlich für Respekt vor den praktisch Tätigen; die Intellektuellen fordert er zu »Ehrlichkeit und Bescheidenheit« auf. »Willst du Kenntnisse erwerben, mußt du an der die Wirklichkeit verändernden Praxis teilnehmen. Willst du den Geschmack einer Birne kennenlernen, mußt du sie verändern, daß heißt sie in deinem Mund zerkauen. Willst du Struktur und Eigenschaften des Atoms kennenlernen, mußt du physikalische und chemische Versuche durchführen, um den Zustand des Atoms zu verändern. Willst du die Theorie und die Methoden der Revolution kennenlernen, mußt du an der Revolution teilnehmen« (Mao 1937c: 353).

An diesem Punkt ergibt sich freilich das erkenntnistheoretische Problem: Nicht jeder Mensch kann jede Sache praktisch tun, kann also sein Wissen nicht immer aus der unmittelbaren Praxis und der »sinnlichen Erkenntnis« schöpfen. Entsprechend muss auch Mao einräumen, dass tatsächlich »der größere Teil unserer Kenntnisse das Produkt mittelbarer Erfahrung« sei, nämlich der »in der Vergangenheit oder in fremden Ländern erworbenen Kenntnisse«. Wie löst Mao also diesen Widerspruch? Er argumentiert: Das Wissen von Menschen setze sich aus »zwei Bestandteilen zusammen; aus direkter Erfahrung und aus mittelbarer Erfahrung«. Die Tatsache, dass die mittelbare Erfahrung für jemand anderes die »unmittelbare Erfahrung« sei, bedeute, dass im Hinblick auf die »Kenntnisse in ihrer Gesamtheit [...] es keine« gebe, »die von der unmittelbaren Erfahrung losgelöst« seien (ebd.: 353f.). Vor diesem Hintergrund ist die Weitergabe von Wissen entscheidend – die Vermittlung von bereits eingeholten, kollektiven Praxiserfahrungen, die bereits theorisiert wurden. Mao wirbt für Bescheidenheit und Wissbegierde als Eigenschaften jedes praktisch Tätigen und sieht als Probleme sowohl diejenigen an, die die neuen Praxisdinge »subjektiv, einseitig und oberflächlich betrachten«, als auch diejenigen, die an eine Tätigkeit mit der Einstellung, bereits alles aus der Theorie zu wissen herangehen, darum dann »selbstgefällig Anordnungen [...] treffen und Befehle [...] erlassen, ohne sich über die Lage zu informieren, ohne in die Sache als Ganzes (in ihre Geschichte und ihre gesamten gegenwärtigen Umstände) einzudringen und ohne bis zum Wesen der Sache (ihrem Charakter und ihrem inneren Zusammenhang mit anderen Sachen) vorzudringen – solche Menschen« würden »unweigerlich straucheln« (ebd.: 355f.).

Im Grunde steckt in Maos erkenntnistheoretischen Überlegungen eine Vorstellung, dass der einzelne Kommunist nur zwei Augen, eine Partei aber Tausend Augen hat, also als zentraler Sinngenerator, als kollektiver Wissensproduzent angesehen werden kann, der die Gesamtgesellschaft abbildet und – in einem Hegel'schen Sinne suchen muss – auf der Höhe der Zeit der Gesellschaftsentwicklung die öffentliche Verwaltung zu errichten. Aus Mao spricht auch das Prinzip der marxistisch-leninistischen Partei, die den demokratischen Zentralismus vertritt, bei dem der – entsprechend wissenschaftlich begründeten – »Einheit in der Aktion« die »Vielheit in der Diskussion« vorausgeht.

Maos Praxisphilosophie vor Augen macht auch verständlich, wie so viele durch ihn inspirierte Kräfte aus der Studentenbewegung von 1968, die das Epochenjahr als eine weltrevolutionäre Situation interpretierten, die in einer Niederlage endete, weil man keine organische Verbindung zur Arbeiterklasse eingegangen sei, in den Jahren danach dazu kamen, selbst in die Betriebe zu gehen und Arbeiter und Berufsrevolutionäre unter Arbeitern zu werden. Zugleich ist Maos Betonung der historischen Praxiserfahrung bemerkenswert vor dem Hintergrund des theoretischen Abstraktionismus, den der westliche Maoismus – insbesondere in seiner Gestalt der Louis Althusser-Schule des Marxismus – hervorbringt und der glaubte, den Marxismus rein logisch-begrifflich zu betrachten und von allem Historismus, Empirismus und Humanismus zu trennen (vgl. hierzu ausführlich die Bände 14 und 21 der *Edition Marxismen*).

Die Frage des »in-Berührung-Kommens« ist bei Mao nun auch als eine zeitliche Frage zu verstehen. So habe etwa der Marxismus »erst als Produkt der kapitalistischen Gesellschaft entstehen« können, da vorher »die entsprechende Praxis« gefehlt habe. Zugleich sei damit auch Marx begrenzt, weil er »in der Epoche des liberalen Kapitalismus« geschrieben habe und damit nicht »im voraus gewisse besondere Gesetzmäßigkeiten der Epoche des Imperialismus konkret erkennen« habe können. Erst »Lenin und Stalin« hätten »diese Aufgabe auf sich nehmen« können (Mao 1937c: 352). Ähnlich sei die Entwicklung des Proletariats verlaufen: »In der Anfangsperiode seiner Praxis«, in der »Periode der Maschinenstürmerei und des spontanen Kampfes«, habe »das Proletariat« im Hinblick auf seine »Erkenntnis der kapitalistischen Gesellschaft« noch »auf der Stufe der sinnlichen Erkenntnis« gestanden: »es erkannte nur die einzelnen Seiten und den äußeren Zusammenhang der Erscheinungen des Kapitalismus.« Damals sei das Proletariat bloß eine »sogenannte ›Klasse an sich‹« gewesen. Erst mit der »zweiten Periode seiner Praxis«, der des »bewußten und organisierten wirtschaftlichen und politischen Kampfes« sei es »imstande« gewesen, »auf Grund der in langwierigen Kämpfen gesammelten vielfältigen Erfahrungen«, die von Marx und Engels zur marxistischen Theorie »wissenschaftlich verallgemeinert« worden seien, »das Wesen der kapitalistischen Gesellschaft, das zwischen den Gesellschaftsklassen bestehende Ausbeutungsverhältnis und die historische Aufgabe des Proletariats zu verstehen.« So sei das Proletariat »zur ›Klasse für sich‹« geworden (ebd.: 354).

Ebenso sei es »mit der Erkenntnis des Imperialismus durch das chinesische Volk« verlaufen. »Die erste Stufe« sei die »der oberflächlichen sinnlichen Erkenntnis« gewesen, »wie sie in dem durch Fremdenfeindlichkeit schlechthin gekennzeichneten Kampf der Taiping-Tiänguo-, Yihotuan- und anderer Bewegung ihren Ausdruck fand. Erst die zweite Stufe« sei für »das chinesische Volk die Stufe der rationalen Erkenntnis« gewesen, »wo es hinter die verschiedenen inneren und äußeren Widersprüche des Imperialismus« gekommen sei und »den wahren Sachverhalt« erkannt habe, »nämlich daß der Imperialismus im Verein mit den Klassen der chinesischen Kompradoren und Feudalherren die Volksmassen Chinas unterdrückte und ausplünderte; diese Erkenntnis« habe »erst um die Zeit der Bewegung des 4. Mai im Jahre 1919« begonnen (ebd.. 354f.).

Auch am Anfang des revolutionären Bürgerkriegs habe notgedrungen noch die sinnliche Erkenntnis gestanden, was zwangsläufig, weil er von »militärisch unerfahrenen Menschen« gelenkt wurde, zu »eine[r] beträchtliche[n] Anzahl von Niederlagen« führen musste. Aber aus der Erfahrung – der Siege, vor allem aber der Niederlagen – wachse aus der sinnlichen Praxiserfahrung ein Verständnis für die Logik des (Guerilla-)Kriegs, eine Theorie desselben. Gerade ihre Niederlagen dürften die Akteure nicht aus Scham und kleinlich-egoistischen Karrierezielen kleinreden, sondern müssten sie im Sinne des Gesamterfolgs schonungslos selbstkritisch aufarbeiten – man denke an das heute beispielsweise noch von der belgischen Arbeiterpartei (PTB) praktizierte Mao'sche Prinzip der »Kritik und Selbstkritik«.

Die »Erkenntnis« beginne, resümiert Mao seine Erkenntnistheorie und den Marxismus als revolutionäre Handlungstheorie, »mit der Praxis, und die theoretischen Erkenntnisse, die man durch die Praxis erworben« habe, müssten »wiederum zur Praxis zurückkehren«, zur »revolutionären Praxis«. »Nachdem man die Gesetzmäßigkeiten der Welt erkannt« habe, müsse »diese Erkenntnis wiederum zur Praxis der Umgestaltung der Welt zurückkehren, wiederum auf die Praxis der Produktion, die Praxis des revolutionären Klassenkampfes und des revolutionären nationalen Kampfes sowie die Praxis wissenschaftlicher Experimente angewandt werden«. Das sei »ein Prozeß der Überprüfung und der Entwicklung der Theorie, eine Fortsetzung des gesamten Erkenntnisprozesses. Die Frage, ob ein theoretischer Leitsatz der objektiven Wahrheit entspricht«, werde »durch die Bewegung von der sinnlichen zur rationalen Erkenntnis [...] nicht völlig entschieden« und könne »auch dadurch nicht völlig entschieden werden. Der einzige Weg zur gründlichen Lösung der Frage« bestehe darin, »die rationale Erkenntnis wieder in die gesellschaftliche Praxis zurückzuführen, die Theorie auf die Praxis anzuwenden und zu prüfen, ob sie zu dem gesteckten Ziel zu führen vermag«. Auch der Marxismus-Leninismus ist somit eine lebendige Theorie: Er werde »nicht nur deshalb als wahr anerkannt, weil er so galt, als ihn Marx, Engels, Lenin und Stalin wissenschaftlich ausgearbeitet« hätten, »sondern auch deshalb, weil er durch die spätere Praxis des revolutionären Kampfes seine Bestätigung gefunden« habe. »Der dialektische Materialismus« sei »eine allgemeingültige Wahrheit, weil sich seinem Bereich die Praxis keines einzigen Menschen entziehen« könne (ebd.: 358f.).

Mao teilt Lenins Verständnis vom Marxismus als Weltanschauung: »Der Marxismus ist allmächtig, weil er wahr ist« (vgl. Band 8 der *Edition Marxismen*). Zugleich aber ist die Praxis stets das Mittel, ihn zur Erneuerung zu zwingen, vor der Erstarrung zur Doktrin und zum Dogma zu bewahren. In diesem Denken Maos ist ein Teil des Erfolgs des chinesischen Experiments auf lange Sicht bereits angelegt: Maos Gesellschaftsexperimente während des »Großen Sprung nach vorn« (1958-1961), der die Gegensätze von Stadt und Land, Kopf- und Handarbeit sowie Industrie- und Landwirtschaft nivellieren sollte, und der »Kulturrevolution« (1966-1976), die der bürokratischen Erstarrung der Kommunistischen Partei entgegenwirken sollte, können als Fehler eingeräumt werden; weil Fehler im geschichtlichen Handeln eingepreist sind, stellt ihr Scheitern nicht die Autorität und Legitimität des Gesamtprojekts infrage. Maos Kontrahent Deng Xiaoping wird, anders als in der Sowjetunion, nicht wegen Links- oder Rechtsabweichlertum ermordet, sondern nur zeitweilig kaltgestellt, kann dann aber sogar als sein Nachfolger reüssieren und das Alternativprogramm erproben, dass sich geschichtlich nun insofern beweist, dass die UdSSR der Kommandowirtschaft unterging und das China der sozialistischen Marktwirtschaft die Umbrüche von 1989/91 überlebte und anschließend – mit neuen gesellschaftlichen Widersprüchen – zur Hochtechnologiemacht aufstieg. »Die Geschichte der menschlichen Erkenntnis sagt uns«, schreibt Mao, »daß der Wahrheitsgehalt vieler Theorien zunächst unvollkommen war, diese Unvollkommenheit aber durch ihre Erprobung in der Praxis beseitigt« worden sei. »Viele Theorien« seien »irrig, aber durch die Erprobung in der Praxis werden ihre Fehler korrigiert« (Mao 1937c: 359). Warum sollte das nicht für den Marxismus selbst gelten?

Über den Widerspruch: Haupt- und Nebenwiderspruch bei Mao

Maos zweite große philosophische Arbeit aus der unmittelbaren Zeit nach dem Langen Marsch, *Über den Widerspruch*, beginnt mit der Feststellung: »Das Gesetz des Widerspruchs, der den Dingen innewohnt, oder das Gesetz der Einheit der Gegensätze, ist das fundamentalste Gesetz der materialistischen Dialektik«. Das Wesen der Dinge zu studieren, konstatiert er mit Lenin, sei den ihnen innewohnenden Widerspruch zu analysieren. Die Hauptstoßrichtung Maos ist, auch in Auseinandersetzung mit dem sowjetischen Philosophen Abram Deborin und seiner Schule, die ihm als »Idealismus« erscheint, die Kritik des Dogmatismus. Die entscheidenden Fragen sind für ihn: »die zwei Arten der Weltanschauung, die Allgemeinheit des Widerspruchs, die Besonderheit des Widerspruchs, der Hauptwiderspruch und die hauptsächliche Seite des Widerspruchs, Identität und Kampf der gegensätzlichen Seiten des Widerspruchs, der Platz des Antagonismus in den Widersprüchen« (Mao 1937d: 366).

Die »zwei Arten der Weltanschauung« sind für Mao, wiederum im Anschluss an Lenin, Metaphysik und Dialektik. Die Dialektik habe zwar sowohl in China als auch in Europa im Altertum existiert (etwa bei Aristoteles), sie habe auch in Gestalt der unzähligen Metamorphose-Mythen bleibende Spuren im europäischen und chinesischen Altertum hinterlassen (ebd.: 400). Doch infolge der »sozialen und historischen Bedingungen jener Zeit« habe sie »noch nicht die Gestalt einer abgeschlossenen Theorie annehmen« und von daher »auch keine umfassende Interpretation der Welt geben« können. Darum sei sie von der Metaphysik ersetzt worden (ebd.: 370). Die Metaphysik gehöre zur »idealistischen Weltanschauung«. Allerdings sei auch der Materialismus ursprünglich seinem Wesen nach metaphysisch gewesen. Erst mit der dynamischen kapitalistischen Gesellschaftsentwicklung, in der »das Industrieproletariat zur mächtigsten Triebkraft der geschichtlichen Entwicklung« geworden sei, habe sich dieser Materialismus mit der Dialektik verbunden und sei die »marxistische, dialektisch-materialistische Weltanschauung« entstanden (ebd.: 367).

Den wesentlichen Unterschied zwischen Metaphysik und Dialektik sieht Mao darin, dass die »Weltanschauung der Metaphysik oder des vulgären Evolutionismus [...] alle Dinge in der Welt isoliert, statisch und einseitig« betrachte. »Alle Dinge in der Welt, ihre Formen und ihre Gattungen wären demnach ewig voneinander isoliert, ewig unveränderlich. Insofern von Veränderungen die Rede ist, dann nur von quantitativer Zunahme oder Abnahme und von Ortsveränderung. Dabei sollen die Ursachen einer solchen Zunahme oder Abnahme beziehungsweise einer solchen Ortsveränderung nicht in den Dingen selbst liegen, sondern außerhalb ihrer, das heißt in der Einwirkung äußerer Kräfte«. Die Metaphysiker seien »der Ansicht, daß ein Ding nur ewig sich selbst reproduzieren, sich aber nicht in ein anderes, von ihm unterschiedliches Ding verwandeln könne.« Sie würden entsprechend auch glauben, »daß die kapitalistische Ausbeutung, die kapitalistische Konkurrenz, die individualistische Ideologie der kapitalistischen Gesellschaft usw. – daß das alles auch in der antiken Sklavenhaltergesellschaft, ja sogar in der Urgesellschaft anzutreffen sei, daß es ewig und unverändert existieren werde. Was die Ursachen der gesellschaftlichen Entwicklung« betreffe, so würden die Metaphysiker »sie aus Bedingungen, die außerhalb der Gesellschaft« lägen, erklären – »aus dem geographischen Milieu, dem Klima usw.«. Dieser, den Status quo perpetuierende »mechanische Materialismus«, sei in Europa erstmals im 17. Jahrhundert aufgetreten; in China habe er als Ideologie der »verfaulten herrschenden Feudalklassen« seinen Ausdruck in den Worten gefunden: »Der Himmel ist unveränderlich, und unveränderlich ist auch Tao« (ebd.).

Der dialektische Materialismus hingegen zeige, dass »die Entwicklung der Dinge durch die ihnen innewohnenden Widersprüche hervorgerufen« werde. Daraus folge eine Denkbewegung, die »beim Studium der Entwicklung der Dinge von ihrem inneren Gehalt, von dem Zusammenhang des einen Dinges mit anderen ausgehen sollen, das heißt, daß wir die Entwicklung der Dinge als ihre innere, notwendige Selbstbewegung betrachten, wobei sich jedes Ding in seiner Bewegung mit den anderen, es umgebenden Dingen in Zusammenhang und Wechselwirkung« befinde. Die »Grundursache der Entwicklung eines Dinges« liege also »nicht außerhalb, sondern innerhalb desselben; sie liegt in seiner inneren Widersprüchlichkeit« (ebd.). Äußere Ursachen, wie von der Metaphysik angenommen, schließe der dialektische Materialismus keineswegs aus; er betrachte sie aber eben »als Bedingungen der Veränderung und die inneren Ursachen als deren Grundlage; wobei die äußeren Ursachen vermittels der inneren wirken« würden. Beispielsweise könne »[b]ei einer entsprechenden Temperatur [...] ein Ei zu einem Küken« werden, »aber keine Wärme kann einen Stein in ein Küken verwandeln« (ebd.: 369). Äußere Ursachen würden also nur insofern eine Rolle spielen, als sie »eine Vergrößerung oder Verkleinerung des Umfangs, Vermehrung oder Verminderung der Menge« verursachen könnten, aber aus ihnen lasse sich »nicht erklären, warum den Dingen eine unendliche qualitative Mannigfaltigkeit und ihre wechselseitige Verwandlung ineinander eigentümlich« seien. In Wirklichkeit werde, das zeigten sowohl »die quantitative Entwicklung in der Pflanzen- und Tierwelt« als auch »die Entwicklung der Gesellschaft«, »selbst die durch einen äußeren Anstoß ausgelöste mechanische Bewegung ebenfalls mittels der inneren Widersprüchlichkeit der Dinge bewerkstelligt«. Nur so ließe sich erklären, warum »[viele Länder mit fast den gleichen geographischen und klimatischen Bedingungen [...] sich dem Stand ihrer Entwicklung nach sehr stark voneinander« unterscheiden und »sich äußerst ungleichmäßig« entwickeln würden, während gleichzeitig gesellschaftlicher Wandel stattfinde, ohne dass es in größerem Umfange geografische oder klimatische Veränderungen gegeben hätte: wie etwa die Verwandlung des »imperialistische[n] Rußland [...] in die sozialistische Sowjetunion«, des »abgekapselte[n] feudale[n] Japan [...] zum imperialistischen Japan« oder die Entwicklung in China, »wo lange Zeit der Feudalismus herrschte«, aber jetzt sich die Entwicklung eines »emanzipierten, neuen China[s]« abzeichne (ebd.: 368).

Sicherlich hätten gerade in der »Epoche des Kapitalismus« Gesellschaften verstärkte Auswirkungen aufeinander: Der Imperialismus brachte auch europäisches Gedankengut nach China, während die proletarische Revolution in Russland nicht nur in seiner, sondern »auch in der Weltgeschichte« eine »neue Ära« eingeleitet habe. Aber diese äußeren Ursachen könnten nur in Verbindung mit den »inneren Gesetzmäßigkeiten« der von Imperialismus und Revolution beeinflussten Länder ihre Wirkung vollziehen (ebd.: 369).

Mao unterscheidet zwischen der »Allgemeinheit des Widerspruchs« und seiner »Besonderheit«. Die Allgemeinheit sei von Marx und Engels, als den Begründern der »großartige[n] Theorie des dialektischen und historischen Materialismus«, und von Lenin und Stalin als den Fortsetzern »bereits [...] ausgearbeitet« und die »materialistische Dialektik« dann »mit allergrößtem Erfolg auf zahlreiche Gebiete« angewandt worden. Mao sieht die Hauptaufgabe entsprechend darin, die »Besonderheit des Widerspruchs« herauszuarbeiten, die von einem dogmatischen Marxismus nicht begriffen werde (ebd.: 370f.).

Die »Allgemeinheit des Widerspruchs« gelte, schließt Mao an Lenin an, für die »Mathematik« im Verhältnis von Plus und Minus, »Differential und Integral«, in der »Mechanik« als »Wirkung und Gegenwirkung«, in der Physik als »positive und negative Elektrizität«, in der Chemie als »Verbindung und Dissoziation der Atome« und in der »Gesellschaftswissenschaft [als] Klassenkampf«, im Militärischen als »Offensive und Defensive, Vormarsch und Rückzug, Sieg und Niederlage«. Für alles gelte: Die eine Seite könne »ohne die andere nicht existieren«. Jeder Unterschied in den menschlichen Begriffen sei »als die Widerspiegelung eines objektiven Widerspruchs« aufzufassen. Die Dialektik in den stofflichen Dingen der Welt finde damit ihre Entsprechung auch in Bewusstsein und Sprache: Diese »Widerspiegelung« bilde »die widersprüchliche Bewegung der Begriffe«, und diese

Bewegung treibe »die Entwicklung des menschlichen Denkens vorwärts«. Sie löse »in einem fort die Fragen, die sich dem menschlichen Denken stellen«. Entsprechend sei auch das Bewusstsein abhängig vom Sein der Gesellschaft, konnte der historische Materialismus eben nur in einer bereits bürgerlich-kapitalistischen Gesellschaft entstehen. Richtungsauseinandersetzungen in der kommunistischen Partei seien entsprechend als »eine Widerspiegelung der in der Gesellschaft vorhandenen Widersprüche zwischen den Klassen, zwischen dem Alten und Neuen« zu entschlüsseln. Die Aufgabe besteht also in der Bearbeitung von Widersprüchen. Sie seien zu begrüßen: »Gäbe es in der Partei keine Widersprüche und keinen ideologischen Kampf« zu ihrer Lösung, »dann würde das Leben der Partei aufhören« (ebd.: 372f.).

Mao bezieht sich auf das Marx'sche Kapital und seine Darstellungsweise, die ausgehend von der »Ware« den »Entwicklungsprozeß eines Dinges von Anfang bis Ende« analysiert habe, und er bezieht sich auf Lenin, der in dieser »Methode der Darstellung (resp. Erforschung)« die allgemeine Art der dialektischen Vorgehensweise erkennt. Diese zu lernen, sei für die »chinesischen Kommunisten« die Voraussetzung dafür, die »Lage der chinesischen Revolution richtig [zu] analysieren und deren Perspektiven davon ableiten [zu] können« (ebd.: 374f.).

Mao wendet sich damit wieder gegen Deborin und dessen Auffassung, »daß der Widerspruch nicht gleich zu Beginn eines Prozesses auftritt, sondern erst wenn dieser ein bestimmtes Entwicklungsstadium erreicht« habe. Ihm erscheint diese Auffassung als metaphysisch im Sinne eines mechanischen Materialismus, weil sie bedeuten würde, »daß bis dahin die Entwicklung des Prozesses unter der Einwirkung äußerer und nicht innerer Ursachen vor sich ginge«. Angewandt auf die konkrete Historie habe diese Auffassung dazu geführt, »unter den sowjetischen Verhältnissen« zwischen Großbauern und der Masse der Bauernschaft oder in der Französischen Revolution in den Gegensätzen des Dritten Standes zwischen Arbeitern, Bauern und Bourgeoisie »keine Widersprüche, sondern nur Unterschiede« zu erkennen (ebd.: 373) – mit den gravierenden Folgen, dass diese Widersprüche unbearbeitet blieben.

Mao definiert hiergegen den »allgemeine[n] oder absolute[n] Charakter des Widerspruchs [...] in einem doppelten Sinne«: »Erstens existieren Widersprüche in den Entwicklungsprozessen aller Dinge, zweitens existiert im Entwicklungsprozeß jedes Dinges die Bewegung der Widersprüche von Anfang bis Ende« (ebd.: 371). In »jedem Unterschied, den es auf der Welt« gebe, sei »schon ein Widerspruch enthalten«. Der Unterschied sei schon der Widerspruch selbst, bloß eben noch nicht vollständig entfaltet. In diesem Sinne sei »[i]n demselben Augenblick, da das Proletariat und die Bourgeoisie aufkamen, [...] der Widerspruch zwischen Arbeit und Kapital geboren«, eben »nur noch nicht verschärft«. Auch in der Sowjetunion könne man den Unterschied und damit Widerspruch »zwischen den Arbeitern und den Bauern« nicht einfach übergehen. Er werde sich, weil die Arbeiter und Bauern »ein festes Bündnis« für den »sozialistischen Aufbau« geschlossen hätten, zwar »zu keinem Antagonismus zuspitzen und nicht die Form des Klassenkampfs annehmen«. Aber der Widerspruch müsse dennoch »im Prozeß der Entwicklung vom Sozialismus und Kommunismus allmählich« gelöst werden (ebd.: 373f.).

Für Mao ist damit jeder Unterschied ein Widerspruch, aber nicht jeder Widerspruch ein Antagonismus. Ihm geht es darum, den »unterschiedlichen Charakter der Widersprüche« nicht als ihr »Fehlen« fehlzuinterpretieren. Und ihm geht es um den Prozess, wie etwa Revolution und Aufbau des Sozialismus, wenn »eine alte Einheit und die sie bildenden Gegensätze einer neuen Einheit und den sie bildenden Gegensätzen Platz machen« und somit »ein neuer Prozeß [entsteht], der den alten ablöst«, mit »wiederum neue[n] Widersprüche[n]« und »seine[r] eigene[n] Entwicklungsgeschichte der Widersprüche«

(ebd.: 374). Mao geht es also um die Schärfung des Sinns für Widersprüche und ihre Bearbeitung und Lösung, die Überführung von Gegensätzen in neue Synthesen.

Neben dieser Allgemeinheit des Widerspruchs existiere aber auch eine Besonderheit des Widerspruchs, neben dem Absoluten auch seine Relativität. Alle Dinge unterlägen einer Bewegungsform, aber diese würden sich »qualitativ« voneinander unterscheiden. Als Beispiel nennt Mao die Bewegungsformen in der Natur: »mechanische Bewegung, Schall, Licht, Wärme, Elektrizität, Dissoziation, Verbindung usw.« Sie befänden sich in »wechselseitiger Abhängigkeit«, seien aber »ihrem Wesen nach voneinander verschieden«. Und diese Besonderheit der Widersprüche, die die Bewegungsform in den Dingen der Welt hervorbringt, sei die »Grundlage [ihr] er unendlichen Vielfalt« (ebd.: 375). Entsprechend gelte auch für die Gesellschaft und ihr Denken: Jede ihrer Formen habe »ihre besonderen Widersprüche und ihr besonderes Wesen«, und die Ausdifferenzierung der Wissenschaften in viele Disziplinen und Fachbereiche beruhe »gerade auf den besonderen Widersprüchen, die ihren Forschungsobjekten innewohnen« (ebd.: 376). Die Physik, deren besondere Bewegungsform die Elektrizität ist, das Atom in der Chemie, Produktivkräfte und Produktionsverhältnisse, Klassen und Klassenkampf in der

Gesellschaft – sie erzwingen die verschiedenen Disziplinen. Die Aufgabe einer Wissenschaft, die sich über die wechselseitige Abhängigkeit dieser besonderen Dialektiken bewusst ist, besteht darin, die Borniertheit isolierter Gesellschaftsanalyse (Soziologie), Staatsanalyse (Politikwissenschaft) und Wirtschaftsanalyse (Volkswirtschaftslehre) durch eine neue, alte Einheit der Philosophie und der Sozialwissenschaften aufzuheben im Sinne der allgemeinen Dialektik, d.h. im Sinne der Einsicht in den dialektischen Zusammenhang von Wirtschaft, Gesellschaft und Staat und ihre dialektische Entwicklung im Sinne einer politischen Ökonomie bürgerlich-kapitalistischer und auch sozialistischer Gesellschaften.

Mao greift auf die in *Über die Praxis* entwickelte Auffassung vom qualitativen Sprung von der »sinnlichen Erkenntnis« zur »logischen Erkenntnis« zurück, wenn er die Entwicklungsrichtung der menschlichen Erkenntnis als eine beschreibt, die sich »stets allmählich von der Erkenntnis des Einzelnen und Besonderen zur Erkenntnis des Allgemeinen« erweitert. Mit anderen Worten: Das Bewusstsein für die Besonderheit des Widerspruchs als Bewegungsform, für die Elektrizität und ihre Wirkung oder den Klassenkampf und seine Wirkung, sei zuerst vorhanden, noch bevor das Bewusstsein zur Erkenntnis seiner Allgemeinheit, mithin dem Verständnis der Totalität der Gesellschaft reift: »Die Menschen beginnen immer zuerst mit der Erkenntnis des besonderen Wesens der vielen verschiedenen Dinge«; erst danach könnten sie »zur Verallgemeinerung übergehen und das gemeinsame Wesen der Dinge erkennen«. Dann wiederum könnten sie, ausgehend von dieser Verallgemeinerung (wie etwa der marxistischen Methode) und in »spiralförmige[r] Bewegung«, zurückkehren zur Besonderheit, »geleitet von dieser Erkenntnis des Gemeinsamen«, könnten sie »die verschiedenen konkreten Dinge, die noch nicht oder nicht gründlich erforscht sind«, tatsächlich und tiefer ergründen, ihr »besondere[s] Wesen« erkennen und beschreiben. Das seien »die beiden Prozesse der Erkenntnis: der eine führt vom Besonderen zum Allgemeinen, der andere vom Allgemeinen zum Besonderen« (ebd.: 376f.).

Dies ist im Grunde auch der Weg, den Marx ging, als er sich in den *Grundrissen* dem Kapitalismus zunächst historisch und empirisch näherte, um dann, nach der Identifizierung allgemeiner (Tendenz-)Gesetze in der bürgerlich-kapitalistischen Gesellschaft – Konkurrenz, Akkumulation, Kapital- und Lohnarbeitstrategien im Kampf um den Mehrwert usw. –, zur besonderen Darstellungsweise in *Das Kapital* zu gelangen, die vom Allgemeinen (der allgemeinen Darstellung der Ware als Elementarform der bürgerlich-kapitalistischen Gesellschaft) zum Besonderen (ihrer

Geschichte, in der die Tendenzgesetze und ihre »entgegenwirkenden Ursachen« aufeinander wirken), zu gelangen. Nur daraus, also aus der Tatsache, dass Marx den Kapitalismus in seinem »idealen Durchschnitt« beschrieb und sich nicht im Geschichtlichen verlor, erklärt sich die bis heute erhaltene Wirkung der, freilich von anderen fortentwickelten, Marx'schen Kapitalismustheorie und -kritik (vgl. hierzu die Einleitung in Band 1 sowie Band 2 der *Edition Marxismen*).

Den »Dogmatikern« wirft Mao vor, die Marx'sche Theorie abstrakt den chinesischen Verhältnissen überzustülpen und nicht ihre Besonderheit zu berücksichtigen. Sie würden nicht verstehen, »daß wir, sobald das gemeinsame Wesen der Dinge erkannt ist, unbedingt weitergehen und jene konkreten Dinge studieren müssen, die noch nicht gründlich erforscht sind oder zum erstenmal in Erscheinung treten«. Die »Dogmatiker« seien »faule Kerle, die jede mühselige Forschungsarbeit an konkreten Dingen ablehnen« würden; sie würden »die allgemeinen Wahrheiten als etwas vom Himmel Gefallenes« betrachten und in »unfaßbare, rein abstrakte Formeln« verwandeln (Mao 1937d: 377).

Mao reflektiert damit und rechtfertigt zugleich auch seinen Bruch mit der althergebrachten Vorstellung einer Revolution, die vom Proletariat und den Städten ausgeht, und seine Sozialismusstrategie der Revolution als einer über die Kommunistische Partei vom Proletariat geführten Bauernrevolution. »Qualitativ verschiedene Widersprüche« könnten »nur mit qualitativ verschiedenen Methoden gelöst werden«. Insofern die chinesische Gesellschaft zwar einerseits den Widerspruch zwischen Kapital und Arbeit, aber auch den Widerspruch zwischen fortbestehender feudaler Grundherrenklasse und Bauernschaft und den Widerspruch zwischen europäischem, japanischem usw. Imperialismus und chinesischer Nation in sich trage, bedürften diese besonderen Widersprüche eine besondere Bearbeitungsweise. So sei »der Widerspruch zwischen dem Proletariat und der Bourgeoisie mit der Methode der sozialistischen Revolution zu lösen«, der »Widerspruch zwischen den Volksmassen und dem Feudalsystem [...] mit der Methode der demokratischen Revolution« und der »Widerspruch zwischen den Kolonien und dem Imperialismus [...] mit der Methode des revolutionären nationalen Krieges« (ebd.).

Die Widersprüche hörten auch mit der sozialistischen Revolution nicht auf zu wirken. Man trete nicht am Tag danach in eine widerspruchsfreie Welt ein. Mit ihrem Sieg und dem Aufbau der neuen »sozialistische[n] Gesellschaft« ende bloß ein alter und beginne ein neuer Prozess mit ganz neuen Widersprüchen und neuen Methoden zu ihrer Lösung: Jetzt werde der »Widerspruch zwischen der Arbeiterklasse und Bauernschaft [...] mit der Methode der Kollektivierung und Mechanisierung der Landwirtschaft« gelöst. Die »Widersprüche innerhalb der Kommunistischen Partei« löse man mit der »Methode der Kritik und Selbstkritik«. Den Widerspruch zwischen Gesellschaft und Natur«, also die Frage der Naturbeherrschung und zugleich der ökologischen Frage, löse man »mit der Methode der Entwicklung der Produktivkräfte« (ebd.: 378).

Maos Denken legt eine bemerkenswerte Flexibilität an den Tag, die ständige Verschiebungen von Haupt- und Nebenwiderspruch erlauben. Im Westen wurde dieses Denken im Sinne eines Vulgärmaoismus anverwandelt, der den Kapital-Arbeit-Antagonismus zum ewig gültigen Hauptwiderspruch erklärt und alles andere – etwa die Frauenfrage – zum Nebenwiderspruch. Auch Mao sah, an Marx anschließend, im Kapitalismus den »grundlegende[n] Widerspruch [...] zwischen dem gesellschaftlichen Charakter der Produktion und dem privaten Charakter der Aneignung«, der als »Widerspruch zwischen dem organisierten Charakter der Produktion in den einzelnen Betrieben und dem unorganisierten Charakter der Produktion in der Gesellschaft als Ganzem zutage« trete (ebd.: 385f.). Zugleich aber widerspricht die Deutung seiner Haupt-/Nebenwiderspruch-Unterscheidung im Westen der eigentlichen Idee Maos. Ihr Kern ist das situativ stets entlang der Massenlinie neue Austarieren und Taxieren des Verhältnisses von Haupt- und Nebenwidersprüchen. Beispielsweise degradiert Mao den Kapital-Arbeit-Antagonismus in der konkreten Politik der kommunistischen Partei (beziehungsweise seines Minderheitenflügels) gleich zweimal zum Nebenwiderspruch: Einmal, als er im Bündnis mit der nationalen Bourgeoisie, also den Kuomintang, den Hauptwiderspruch zwischen (japanischem) Imperialismus und (chinesischer) Nation identifiziert. Und dann, nach seiner Lösung in Gestalt des Sieges im Widerstandskrieg gegen Japan, als er den Widerspruch zwischen feudaler Grundherrschaft und Bauernschaft zum Hauptwiderspruch erklärt. Und selbst, als die Kommunisten auch diesen Krieg zum Sieg geführt haben, stellt sich Mao auf den Standpunkt, dass der Hauptwiderspruch immer noch nicht zwischen Kapital und Arbeit verläuft, sondern zunächst die Agrarfrage durch die Bodenreform zugunsten der kleinen, armen und landlosen Bauern gelöst werden müsse. Dies geschieht, wie später zu zeigen ist, in der Phase der »neuen Demokratie«, der »demokratischen Diktatur«. Erst nach ihrem Abschluss rückt die Frage des Aufbaus des Sozialismus ins Zentrum der Chinesischen Revolution und mit ihr die Frage der Sozialisierung des kapitalistischen Privateigentums an den Produktionsmitteln in den Städten.

Mit anderen Worten: Nicht nur die Methoden zur Bearbeitung der ihrem Wesen nach verschiedenen Widersprüche unterscheiden sich, auch die Zeitlichkeit der zu bearbeitenden Widersprüche ist je nach konkreter historischer Lage flexibel. Nicht nur die Sozialismus- und Revolutionsstrategie ändert der sinisierte Marxismus radikal – vom parlamentarischen Sozialismus Bernsteins, der Massenstreikrevolution von Luxemburg und Zetkin und dem klugen Putschismus im Bolschewismus von Lenin, Kollontai und Trotzki zu Chinas bewaffnetem Kampf mit der Bauernschaft unter Führung des Proletariats –, sondern er ändert auch die Konzepte für die Zeit nach der Revolution, gleichwohl die »Neue Demokratie« auch als das beschleunigte Durchlaufen einer bürgerlichen Revolution, als Vorstufe zur proletarischen Revolution und dem Sozialismusaufbau, interpretiert werden könnte.

Maos Art zu denken, wirft unweigerlich die Frage nach einem Mao'schen Voluntarismus und nach seinem »philosophisch begründete[n] Abenteurertum« (Hautsch 1974: 117-120) auf. Damit verbunden ist die Frage, weshalb das Experiment der Kulturrevolution so kolossal und unter so hohen Opferzahlen scheiterte und auf welche theoretischen Irrtümer dieses Scheitern zurückgeführt werden kann. Maos Denken in Haupt- und Nebenwidersprüchen ist in der westlichen Linken heute ohnehin verpönt. Bereits in der akademischen Linken der 1970er Jahre kritisierten insbesondere Feministinnen der zweiten, identitätspolitischen Welle (vgl. Band 9 der *Edition Marxismen*) die maoistisch geschulten Kommunistinnen und Kommunisten dafür, am Antagonismus von Kapital und Arbeit als Hauptwiderspruch festzuhalten und die Frauenfrage zum Nebenwiderspruch zu degradieren. Dies entspricht jedoch keineswegs Maos eigener Position, selbst wenn sich in seinem Werk tatsächlich nur wenige Auseinandersetzungen mit Geschlechterverhältnissen finden. In jedem Fall klaffen Maos Intentionen und die westliche Rezeption – vor allem deren heutiges Residuum – weit auseinander, ja stehen sich teils diametral gegenüber. Denn nach Maos flexibler dialektischer Methode sind auch Konstellationen denkbar, in denen die Geschlechterfrage oder die Umwelt- und Klimafrage den Rang des Hauptwiderspruchs einnehmen, während der Kapital-Arbeit-Antagonismus temporär zum Nebenwiderspruch wird. So ließen sich mit Mao Situationen konzipieren, in denen der Kampf um kostenlose, flächendeckende Kita- und Altenpflegeeinrichtungen als ökonomische Voraussetzung der Befreiung der Frau vorübergehend zum Hauptwiderspruch avanciert. Auch ließe sich mit Blick auf den dritten Band des Marx'schen *Kapital* argumentieren, dass sich unter bestimmten Bedingungen etwa dem Finanzmarktkapitalismus in der Mietergesellschaft der Bundesrepublik – die Wohnungsfrage zwischen Mietern und Immobilienkapital derart zuspitzt, dass sie zum Hauptwiderspruch, zur zentralen Kampflinie im Klassenkampf wird. Dies gilt insbesondere dann, wenn gerade diese Frage die größte Mobilisierungskraft entfaltet. In diesem Fall würde die Mao'sche »Massenlinie« bedeuten, sich als sozialistisch und kommunistisch orientierte Partei genau in diesen Konflikt hinein zu begeben – so wie es die K-Gruppen in den Massenbewegungen gegen die Atomkraft und für Umweltschutz taten. Denkbar wäre sogar, dass die zentralen Konflikte Kulturkämpfe sind, zumal Mao stets besonderes Gewicht auf Fragen der Kultur und den Umgang mit Intellektuellen legte. Die potenziell bleibende Fruchtbarkeit des Denkens in Haupt- und Nebenwidersprüchen liegt auf der Hand.

Ein »Ding von größerer Dimension«, wie zum Beispiel die bürgerliche Gesellschaft, in der »die kapitalistische Produktionsweise« vorherrscht, enthalte, so argumentiert Mao, »im Prozeß seiner Entwicklung eine Anzahl von Widersprüchen«. Die Aufgabe bestehe darin, ihre »Besonderheiten« in »ihrer wechselseitigen Verbundenheit aufzudecken«. Dies sei der Weg, »das Wesen des Prozesses zu enthüllen« (Mao 1937d: 378). Politik im Sinne der ausgebeuteten und unterdrückten Klassen und Völker setze daher voraus, die Widersprüche »in ihrer Gesamtheit« zu begreifen und zugleich stets »[b]eide Seiten eines jeden Widerspruchs« in den Blick zu nehmen. Erst dann werde verständlich, »welche spezifische Position jede Seite einnimmt«, »in welchen konkreten Formen die beiden Seiten voneinander abhängen und zueinander im Gegensatz stehen und mit welchen konkreten Methoden sie während ihrer wechselseitigen Abhängigkeit und Gegensätzlichkeit [...] miteinander kämpfen«. Mao wendet sich gegen die Subjektivisten, die »eine Frage« nicht »von jeder Seite« betrachten würden, die vielleicht China verstünden, »aber nicht Japan, nur die Kommunistische Partei, aber nicht die Kuomintang, nur das Proletariat, aber nicht die Bourgeoisie, nur die Bauernschaft, aber nicht die Grundherren, nur die günstigen Bedingungen, aber nicht die schwierigen, nur die Vergangenheit, aber nicht die Zukunft, nur das Einzelne, aber nicht die Gesamtheit, nur die Mängel, aber nicht die Erfolge, nur den Kläger, aber nicht den Angeklagten, nur die illegale revolutionäre Arbeit, aber nicht die offene revolutionäre Arbeit usw.« (ebd.: 379). »Hörst du alle an«, zitiert Mao den Intellektuellen Wei Zheng (580-643 n. Chr.), Historiker und Politiker aus der Tang-Dynastie,

»dann bist du dir im klaren, schenkst du nur einem Glauben, wirst du im dunkeln tappen«, (zit.n. ebd.: 380). Jede Strategiefindung – von Parteien, Gewerkschaften usw. – beginnt im Sinne Maos also mit dem Studium des Gegners: Welche Interessen hat er, mit welchen Strategien versucht er, sie durchzusetzen, auf welche Bündnisse stützt er sich? Dahingegen muss jede Politik, die ohne eine systematische System-, Konstellations-, Eigen- und Gegneranalyse auskommt, scheitern – vor allem, wenn es sich um eine Politik der Beherrschten handelt. Dabei knüpft Mao wiederum an die Unterscheidung von Dogmatismus einerseits und Empirismus andererseits an, die er in *Über die Praxis* vorgenommen hat: Der Dogmatismus kranke an empiriearmer »Einseitigkeit«, der Empirismus an theorieloser »Oberflächlichkeit« (ebd.: 380f.).

Eine weitere Messlatte des Politischen ist für Mao die Frage, welcher Widerspruch in einer gegebenen Situation Haupt- und welcher Nebenwiderspruch ist. Ausschlaggebend ist hierbei, wie sehr sich der Grundwiderspruch in seinem Entwicklungsprozess zugespitzt oder abgeschwächt hat: »[U]nter den größeren und kleineren Widersprüchen, die durch den Grundwiderspruch bedingt« seien »oder sich unter seinem Einfluß« befänden, würden »sich die einen« verschärfen, »während andere zeitweilig oder teilweise gelöst oder gemildert«

würden »und wieder andere, neue Widersprüche« entstünden. Wer also auf »die Etappen des Entwicklungsprozesses eines Dings« nicht achte, der sei »nicht imstande, die dem Ding innewohnenden Widersprüche in angemessener Weise zu behandeln«. Als Beispiel führt Mao den Kapitalismus im Übergang von der freien Konkurrenz zum Imperialismus – also im letzten Viertel des 19. Jahrhunderts – an. In dieser Epoche habe sich »weder der Charakter« des Klassenantagonismus von Arbeit und Kapital geändert, noch »das kapitalistische Wesen der bestehenden Gesellschaft«. Gleichwohl hätten sich »die Widersprüche zwischen diesen beiden Klassen« verschärft, seien »Widersprüche zwischen dem monopolistischen und dem nichtmonopolistischen Kapital« entstanden, hätten sich »die Widersprüche zwischen den Metropolen und den Kolonien verschärft«, während sich zugleich »besonders scharf [...] die Widersprüche unter den kapitalistischen Ländern« im Sinne der zwischenimperialistischen Rivalität ausgeprägt hätten, bedingt durch ihre »ungleichmäßige Entwicklung« – etwa im Fall Deutschlands und Italiens, die als verspätete, nachholend sich entwickelnde Mächte auf eine Neuaufteilung der Welt drängten. Ähnliches habe sich in der Chinesischen Revolution von 1911 während des Übergangs von der bürgerlich-demokratischen zur sozialistischen

Revolution ereignet, sowie erneut in der Chinesischen Revolution von 1924-1927, als die Bourgeoisie ins »Lager der Konterrevolution« überging (ebd.: 381f.). Gegenüber den »Dogmatikern« verweist Mao auf Lenin, der erkannt und gelehrt habe, dass »die lebendige Seele des Marxismus in der konkreten Analyse einer konkreten Situation« bestehe (ebd.: 379).

Aus seiner Widerspruchstheorie lässt sich letztlich ein Forschungsprogramm ableiten, das für Mao zugleich die Grundlage für den wissenschaftlichen Sozialismus und den Erfolg der Revolution war. Für das wissenschaftlich wie politisch erforderliche »Studium der Besonderheiten der Widersprüche« müsse man: (1.) alle Widersprüche in ihrer besonderen Form analysieren, (2.) beide Seiten des Widerspruches kennen, (3.) die besonderen »Widersprüche in ihrer wechselseitigen Verbundenheit« betrachten und damit zur Analyse der Gesamtheit aller Widersprüche gelangen, (4.) die Entwicklungsetappen jedes der besonderen Widersprüche studieren und (5.) bei der Analyse »jeder Entwicklungsetappe« immer auch die »beiden Seiten eines jeden Widerspruchs« berücksichtigen (ebd.: 382). Mao erläutert dies am Beispiel des Widerspruchsverhältnisses zwischen Kommunisten und Kuomintang sowie der wechselvollen Geschichte der ersten nationalen Einheitsfront, der anschließenden Konterrevolution, des Bürgerkriegs und der zweiten nationalen Einheitsfront. Die Fehler, die konkreten Widerspruchsverhältnisse nicht präzise analysiert zu haben, hätten zur Niederlage in der Revolution, den großen Opfern des »Abenteurertums« wie auch der »schweren Verluste« in den Stützpunktgebieten geführt. Gleichwohl – ganz im Sinne seiner Praxistheorie – bewertet er diese Irrtümer, nachgiebig gegenüber der einstigen Parteiführung, als »reiche Erfahrungen«. Nun jedoch sei die Zeit gekommen, den abstrakten Dogmatismus zu überwinden und aus den Praxiserfahrungen neue theoretische Begriffe zu entwickeln. Das Agieren beider Parteien, die ihrerseits Klassen und Klassenfraktionen repräsentieren – ihre »Bildung der Einheitsfront, [ihr] Bruch der Einheitsfront [und die] Herstellung der neuen Einheitsfront« –, sei stets im Verhältnis zu den übrigen Widersprüchen zu entschlüsseln. So habe die Kuomintang in der ersten Einheitsfront im Widerspruch sowohl zu »den ausländischen Imperialisten« als auch zu den »Volksmassen im eigenen Land« gestanden; im Bürgerkrieg kämpfte sie »im Bunde mit dem Imperialismus und dem Feudalismus gegen die Volksmassen [...] und verschärfte so ihren Widerspruch zu ihnen«. In der Periode des »Widerstandskriegs gegen die japanische Aggression« stehe die Kuomintang nun zwar im »Widerspruch zum japanischen Imperialismus«, setze aber gleichzeitig ihren Kampf gegen die Kommunisten und »das Volk« fort. Die KP wiederum habe in jeder Periode »an der Seite der Volksmassen im Kampf gegen Imperialismus und Feudalismus« gestanden. Doch bedeute das Bündnis gegen den Imperialismus zugleich »eine gemäßigte Politik gegenüber der Kuomintang und den einheimischen Feudalkräften« (ebd.: 383-385).

Aus diesem Grund pocht Mao nun – im Namen und im Interesse sowohl der Kommunisten als auch der Kuomintang – auf die systematische Wahrung ihrer organisatorischen und politischen Selbständigkeit. Die Geschichte der im Widerspruch zueinanderstehenden Parteien sei davon geprägt, dass »einmal ein Bündnis geschlossen wird, ein andermal der Kampf entbrennt«. Dadurch entstehe »selbst in den Perioden des Bündnisses eine komplizierte Situation«, insofern »Bündnis und Kampf gleichzeitig existieren«. Eben daraus ergebe sich die Notwendigkeit einer konkreten Analyse und eines Bewusstseins für die Etappen der Widerspruchsentwicklung. »Infolge der außerordentlichen Vielfalt der Dinge und der Unbegrenztheit ihrer Entwicklung« verwandele sich »das, was in einem bestimmten Fall das Allgemeine ist, in einem anderen bestimmten Fall in das Besondere. Umgekehrt: was in einem bestimmten Fall das Besondere ist, wird in einem anderen bestimmten Fall zum Allgemeinen«. Im

Kapitalismus sei, mit Marx gedacht, der »Widerspruch zwischen der Vergesellschaftung der Produktion und dem Privateigentum an den Produktionsmitteln« der »allgemeine Charakter des Widerspruchs«; zugleich trete er jedoch nur in dieser »bestimmten historischen Periode der Entwicklung der Klassengesellschaft« auf, wodurch sich die »Besonderheit d[ies]es Widerspruchs« zeige. Der allgemeine Widerspruch aller Klassengesellschaften sei hingegen der »Widerspruch zwischen Produktivkräften und Produktionsverhältnissen« sei (ebd.: 385f.).

Ausgehend von diesen Überlegungen argumentiert Mao, dass der Widerspruch des Imperialismus – also der zwischen innen und außen – gewichtiger und für die Revolution praxisrelevanter sein könne, als der erst in Keimform entwickelte Widerspruch zwischen nationaler Bourgeoisie und Proletariat. Mao sieht sich diesbezüglich durchaus in der Tradition des Marxismus-Leninismus. Stalin habe gezeigt, dass das »zaristische Rußland damals der Konzentrationspunkt aller Widersprüche des Imperialismus« geworden sei. Deshalb habe »gerade das russische Proletariat zur Avantgarde des internationalen revolutionären Proletariats« werden können und Russland zur »Wiege des Leninismus« (ebd.: 387), verstanden als die Theorie der »imperialistischen Kette«, die an ihrem schwächsten Glied bricht und somit proletarische

Revolutionen in rückständigen, letztlich agrarischen Gesellschaftsformationen möglich mache. Die Wahrheit vom »Gemeinsamen und Einzelnen, Absoluten und Relativen« sei, resümiert Mao seine Abhandlung über das Allgemeine und Besondere der Widersprüche, »die Quintessenz des Problems der den Dingen innewohnenden Widersprüche«. »[D]iese Wahrheit nicht verstehen«, bedeute »die Dialektik« als solche »ablehnen« (ebd.: 388).

Auf seinen Überlegungen zum »Problem der Besonderheit des Widerspruchs« fußt Maos Theorie über »den Hauptwiderspruch und die hauptsächliche Seite des Widerspruchs«. In den »kapitalistischen Gesellschaften« sei der »Hauptwiderspruch« an sich der zwischen »Proletariat und Bourgeoisie«. Die anderen Widersprüche – etwa der »zwischen den Überresten der Feudalklasse und der Bourgeoisie, [...] zwischen den bäuerlichen Kleineigentümern und der Bourgeoisie, [...] zwischen dem Proletariat und den bäuerlichen Kleineigentümern, [...] zwischen der nichtmonopolistischen und monopolistischen Bourgeoisie, [...] zwischen der bürgerlichen Demokratie und dem Faschismus der Bourgeoisie« sowie der Widerspruch »unter den kapitalistischen Ländern, [...] zwischen dem Imperialismus und den Kolonien sowie alle übrigen Widersprüche« – würden »vom Hauptwiderspruch bestimmt« und stünden »unter seinem Einfluß«. In einem

»halbkolonialen Land wie China« hingegen böten »die Beziehungen zwischen dem Hauptwiderspruch und den Nebenwidersprüchen ein kompliziertes Bild«. Der Hauptwiderspruch sei dort der »zwischen dem Feudalsystem und den Volksmassen«, also der zwischen Grundeigentum und armen Bauern. Zugleich könne jedoch – wie die Beispiele des Opiumkriegs mit den Europäern von 1840, des chinesisch-japanischen Krieges von 1894, des Yihotuan-Kriegs von 1900 (»Boxer-Aufstand«) sowie die heutige Einheitsfront gegen den japanischen Imperialismus zeigten – auch dieser Hauptwiderspruch »vorübergehend auf den zweiten Platz verwiesen« werden und der mit dem Imperialismus von außen auf den ersten rücken (ebd.: 388f.).

Zugleich gelte – Mao ist hier für die Problematik eines simplifizierenden Trikontismus sensibilisiert –, dass nicht in allen abhängigen Formationen und vom Imperialismus betroffenen Ländern der äußere Widerspruch die inneren Klassengegensätze überdeckt. Es ist also keineswegs so, dass es nur noch »unterdrückte Völker«, aber innerhalb dieser keine »ausgebeuteten Klassen« mehr gebe. Für Mao gilt dies letztlich nur im Kriegsfall. Beim informellen Imperialismus hingegen, der »nicht zu den Mitteln des Krieges greift, sondern sich milderer Formen – wie politischer, wirtschaftlicher und kultureller – bedient«, würden »die herrschenden Klassen dieses Landes vor dem Imperialismus kapitulieren«, sodass es »zwischen ihnen zu einem Bündnis für die gemeinsame Unterdrückung der Volksmassen« komme. In einer solchen Konstellation nähmen »die Volksmassen häufig Zuflucht zum Bürgerkrieg als Form des Kampfes gegen das Bündnis zwischen dem Imperialismus und der Feudalklasse, während der Imperialismus, statt zu einer direkten Aktion zu greifen, sich oft indirekter Mittel« bediene, »um die reaktionären Kräfte in diesem halbkolonialen Land bei der Unterdrückung des Volkes zu unterstützen, was eine besondere Verschärfung der inneren Widersprüche an den Tag« lege. Der Revolutionskrieg von 1911, der revolutionäre Krieg von 1924-1927 sowie der anschließende »zehnjährige Agrarrevolutionäre Krieg« seien Ausdruck einer solchen Situation. Entwickele sich der »revolutionäre Bürgerkrieg derart [...], daß er die Existenz des Imperialismus und seiner Lakaien [...] in ihren Grundlagen« bedrohe, greife »der Imperialismus oft zu anderen Mitteln, um seine Herrschaft aufrechtzuerhalten«. Entweder suche er »die revolutionäre Front zu spalten, oder er interveniert unmittelbar mit seinen eigenen Streitkräften, um der einheimischen Reaktion zu helfen«. Ein Beispiel für »eine solche bewaffnete Intervention« sei »die Hilfe, die verschiedene kapitalistische Länder den Reaktionären Rußlands nach der Oktoberrevolution erwiesen«

hätten. Ein Beispiel wiederum für »die Spaltung der revolutionären Front« sei »der Verrat Tschang Kai-scheks im Jahre 1927« (ebd.: 389f.). Viele weitere Beispiele bieten die Kriege und CIA-gestützten Militärputsche und Diktaturen, mit denen die USA nach 1945 die Ausbreitung des Kommunismus in der Welt zu verhindern suchten.

In jedem Fall aber, so Mao, stehe »außer Zweifel, daß es in jeder Etappe eines Entwicklungsprozesses nur einen einzigen Hauptwiderspruch« gebe, »der die führende Rolle spielt«. Die Lösung in einem komplizierten Prozess bestehe darin, den Hauptwiderspruch zu identifizieren. Dies sei die Methode, die Marx für die kapitalistische Gesellschaft »vordemonstriert« habe; Lenin und Stalin hätten sie auf »den Imperialismus und die allgemeine Krise des Kapitalismus sowie die Wirtschaft der Sowjetunion« angewendet (ebd.: 390). Nach der Identifikation des Hauptwiderspruchs gelte es dann, in sowohl Haupt- und Nebenwidersprüchen jeweils die »hauptsächliche Seite, die im Widerspruch die führende Rolle« spiele und die »dominierende Stellung« einnehme, von der »sekundäre[n]« zu unterscheiden (ebd.: 391). Die »im Alltagsleben zu beobachtenden Erscheinungen wie Einheit, Geschlossenheit, Verbundenheit, Harmonie, Gleichgewicht, Stabilität, Stagnation, Stillstand, Beständigkeit, Gleichmäßigkeit, Kondensation, Anziehung usw.«

seien doch bloß »Erscheinungen von Dingen, die sich im Zustand quantitativer Veränderung« befänden, Momentaufnahmen im dialektischen Prozess, die nicht bleiben könnten, wie sie sind. Das Verhältnis von dominierter und dominierender Seite könne wechseln, wenn etwa das Neue das Alte ablöst, wenn die Menge oder Kraft auf der einen Seite ab- und die auf der anderen zunehme (ebd.: 401f.), so wie beispielsweise das Kapitalistische im Verhältnis zum Feudalen einst in einer Weise zunahm, bis sich der Charakter der Gesellschaft änderte und sich die Feudal- in die bürgerliche Gesellschaft verwandelte oder wie im Kapitalismus das Proletariat zahlenmäßig wächst und damit das Machtverhältnis umkehre, es die »führende Rolle in der Geschichte« einnehme, die »alte, kapitalistische [...] in die neue, sozialistische Gesellschaft« verwandele – ein »Weg, den die Sowjetunion schon gegangen« sei und den »unweigerlich alle anderen Ländern gehen« würden (ebd.: 392).

Maos Dialektik erscheint hier als (geschichts-)deterministisch und mechanisch, in jedem Fall den subjektiven Faktor ausblendend. Zugleich schränkt er selbst diesen Schematismus ein, wenn er von der »Ungleichmäßigkeit der Widerspruchskräfte« spricht. Es gebe »nichts in der Welt, das sich in absoluter Gleichmäßigkeit entwickeln würde«. Darum müsse man »die Theorie der gleichmäßigen Entwicklung [...] bekämpfen« (ebd.: 395). Dialektische

Aufhebung kann also auch scheitern. Oder wie Adorno in der *Negativen Dialektik* schrieb: »Philosophie, die einmal überholt schien, erhält sich am Leben, weil der Augenblick ihrer Verwirklichung versäumt ward« (Adorno 1966: 13).

In China nehme, Mao zufolge, »der Imperialismus in dem Widerspruch, durch welchen China in eine Halbkolonie verwandelt« worden sei, »die Hauptposition« ein. Im Kampf gegen den Imperialismus werde das chinesische Volk »unter der Führung des Proletariats« aus dem »halbkolonialen China« unweigerlich einen »unabhängigen Staat machen und den Imperialismus besiegen«, werde sich »das alte China [...] unausbleiblich in ein neues China verwandeln«. Die Revolution werde die »alte, feudale Grundherrenklasse« von einer »herrschenden in eine beherrschte Klasse verwandeln«, das Volk werde sich »unter der Führung des Proletariats« selbst regieren, es würde aus der »halbkoloniale[n] und halbfeudale[n] [...] eine neue, demokratische Gesellschaft« entstehen (Mao 1937d: 392f.). Zugleich sieht Mao auch für die Chinesische Revolution die Möglichkeit, »eine kapitalistische Perspektive [zu] vermeiden und direkt zum Sozialismus« überzugehen (ebd.: 401).

Zu Maos dialektischem Materialismus gehört, dass »unter bestimmten Bedingungen« nicht die Produktivkräfte bestimmend seien, sondern »die Produktionsverhältnisse, die Theorie und der Überbau an die Reihe kommen« könnten, »die Hauptrolle zu spielen«. Dies ist der Angelpunkt für Maos Voluntarismus. Wenn etwa »sich ohne eine Änderung der Produktionsverhältnisse die Produktivkräfte nicht weiter entwickeln« könnten, »irgendeine Aufgabe zu lösen« sei, aber »noch kein politischer Kurs, keine Methode, kein Plan, keine Richtlinie vorhanden« sei, dann werde »die Ausarbeitung des entsprechenden politischen Kurses, der Methode, des Plans oder der Richtlinie zum Hauptsächlichen, Entscheidenden. Wenn der Überbau (Politik, Kultur usw.) die Entwicklung der ökonomischen Basis« behindere, dann würden »politische und kulturelle Umgestaltungen zum Hauptsächlichen, Entscheidenden.« Ob man »mit diesen Feststellungen« nun »gegen den Materialismus« verstoße, fragt Mao. Das sei keineswegs der Fall, es sei bloß die Anerkennung, »daß im Gesamtverlauf der historischen Entwicklung das Geistige vom Materiellen, das gesellschaftliche Bewußtsein vom gesellschaftlichen Sein bestimmt« werde, aber gleichzeitig »das Geistige auf das Materielle, das gesellschaftliche Bewußtsein auf das gesellschaftliche Sein, der Überbau auf die ökonomische Basis« zurückwirke (ebd.: 394f.).

Mao wendet sich dann im nächsten Schritt »Identität und Kampf der gegensätzlichen Seiten des Widerspruchs« zu. Beide Seiten in einem Widerspruch seien von einer »gegenseitige[n] Durchdringung, wechselseitige[n] Abhängigkeit« gekennzeichnet und bildeten eine »Identität«, weil erstens »jeder der beiden Seiten [...] die Existenz der anderen« voraussetze (»ohne Leben kein Tod; ohne Tod kein Leben, [o]hne Oben kein Unten; ohne Unten kein Oben [...], ohne Grundherrn kein Pächter; ohne Pächter kein Grundherr«), und weil zweitens »[j]ede der beiden entgegengesetzten Seiten [...] sich unter bestimmten Bedingungen in ihr Gegenteil« verwandele, »die Position der ihr entgegengesetzten Seite einnimmt«, wenn etwa »[d]urch die Revolution [...] das Proletariat von einer unterjochten Klasse zur herrschenden Klasse« werde, »während sich die Bourgeoisie, die bis dahin geherrscht hat, in eine Klasse« verwandele, »die beherrscht wird«, wenn sie wie im Ergebnis von Oktober- oder Chinesischer Revolution während der »neuen Demokratie« erst einmal nicht mehr wählen darf, und damit »den Platz einnimmt, den ursprünglich ihr Widerpart innehatte« (ebd.: 396f.). Oder wenn, wie nach 1949 in der Bodenreform, »die Grundherrenklasse, die den Boden besitzt, [...] zu einer Klasse« werde, »die den Boden verloren hat, und die Bauern, die ihren Boden verloren hatten, [...] zu Kleineigentümern« würden, bevor dann aber, wie bereits in der Sowjetunion geschehen und in der ganzen Welt geschehen werdend, im nächsten Schritt das »Privateigentum der Bauern in gesellschaftliches Eigentum der sozialistischen Landwirtschaft« verwandelt würde. So führe eben »[v]om Privateigentum [...] eine Brücke zum gesellschaftlichen Eigentum«, und »diese Brücke« heiße »in der Philosophie Identität oder Verwandlung des einen in das andere, gegenseitige Durchdringung«. Auch die Diktatur des Proletariats oder des Volkes sei nur ein Schritt, um »jegliches Staatssystem« abzuschaffen; die Kommunistische Partei sei nur gegründet worden, um vorzubereiten, dass sie eines Tages »wie alle politischen Parteien« verschwände (ebd.: 402).

Der »menschliche Verstand« dürfe »diese Gegensätze« nicht »als tote, erstarrte« auffassen, sondern müsse sie »als lebendige, bedingte, bewegliche, sich ineinander verwandelnde auffassen«, weil »die objektiv existierenden Dinge tatsächlich so beschaffen« seien. Die »reaktionären herrschenden Klassen der Gegenwart und Vergangenheit« würden nur an der »Metaphysik« festhalten, weil sie »ihnen dienstbar« sei, das Veränderliche als unveränderlich darstellen zu können. Die Betonung der »Verwandlung der Dinge« sei das Mittel, »die Ziele der Revolution« zu fördern (ebd.: 399). Es sei »ungemein wichtig, [...] zu erkennen, daß in der Klassengesellschaft Revolutionen und revolutionärer Krieg unvermeidlich sind, daß es sonst unmöglich« sei, »in der Entwicklung der Gesellschaft einen Sprung zu vollziehen und die reaktionäre herrschende Klasse zu stürzen, damit das Volk die Macht ergreifen« könne. Die Kommunisten müssten »die betrügerische Propaganda der Reaktionäre entlarven«, die behaupteten, »die soziale Revolution« wäre »unnötig und unmöglich« (ebd.: 403).

Revolutionäre Sozialismusstrategie in einem rückständigen, (halb-)kolonisierten Agrarland

Die chinesischen Kommunisten sind der festen Überzeugung, dass die soziale Revolution in der Peripherie unausweichlich sei. Die Geschichte wird ihnen Recht geben. Das ist keineswegs selbstverständlich, denn im klassischen marxistischen Denken galten Europa und Nordamerika als jene Weltregionen, in denen die proletarische Revolution stattfinden werde. Erst zu ihrem Lebensende hielten Marx und vor allem Engels eine Revolution im rückständigen Russland für möglich, wo sich revolutionäre Stimmungen in den frühen 1880er Jahren zunächst in der Volkstümler-Bewegung bemerkbar machten und sich in den 1890er Jahren rasch mit dem Marxismus verbanden. Die Russische Revolution von 1905, die die Parteilinken in West- und Mitteleuropa in der Massenstreikdebatte beflügelte (vgl. die Bände

4,6 und 7 der *Edition Marxismen*), sowie schließlich die Oktoberrevolution zeigten, dass Revolutionen tatsächlich in abhängigen Formationen möglich sind (vgl. die Bände 8 und 9 der *Edition Marxismen*), wenn auch bloß als Auftakt für eine größere Revolution im Westen – die jedoch scheiterte – und womöglich im notwendigen Sinne einer permanenten Revolution (vgl. Band 11 der *Edition Marxismen*). Die Sinisierung des Marxismus durch Mao ist letztlich die Herausbildung einer marxistischen Revolutionstheorie für die Peripherie.

Nach der klassischen marxistischen Vorstellung ist die sozialistische Revolution also auf die kapitalistisch entwickelten Zentren beschränkt. Für ein abhängiges, halbkolonialisiertes Agrarland wie China sei allenfalls eine bürgerlich-demokratische Revolution vorstellbar. Zugleich haben die Oktoberrevolution von 1917 und das Scheitern der Revolution im Westen gezeigt: Die Revolution ist von den entwickelten kapitalistischen Ländern in die abhängigen, unterentwickelten, stärker agrarischen Länder gewandert, weil, wie Lenin beobachtete, die »imperialistische Kette« an ihrem schwächsten Glied, also in eben diesen Ländern breche, weil sie hier leichter zu bewerkstelligen ist, weil hier auch die herrschenden Klassen weniger fest im Sattel sitzen, nicht hegemonial sind (vgl. Band 8 der *Edition Marxismen*). Aus dieser Wanderung der Revolution in die Weltregionen, die später »Entwicklungsländer«, »Dritte Welt«, »globaler Süden« genannt werden, aus ihrer inneren Unterentwicklung und imperialistischen Bedrohung von außen, aus ihrer Abhängigkeit von der Weltrevolution beziehungsweise Revolution im Westen, aus der Hilflosigkeit, nach ihrem Scheitern den Aufbau des »Sozialismus in einem Land« – wohlgemerkt: einem rückständigen, von außen kontrollierten Agrarland – probieren zu müssen, ergeben sich im Grunde sämtliche Folgeprobleme, die die Bewegung für die sozialistische Weltrevolution im 20. Jahrhundert prägen: (1.) Die ständigen imperialistischen Interventionen der kapitalistischen Großmächte (sei es durch direkte militärische Invasionen, finanzielle und militärische Unterstützung der Konterrevolution und konterrevolutionäre Putsche, wie die von CIA und Co. im 20. Jahrhundert orchestrierten, sei es durch indirekte, strukturelle Gewalt durch ökonomische und finanzielle Hebel wie im Rahmen der Schuldenkrisen und Strukturanpassungsprogramme seitens der westlichen imperialistischen Institutionen Weltbank und Internationalem Währungsfonds, sei es – wie im Falle der Sowjetunion – die außenpolitische Isolierung und ihr Totrüsten durch die USA), (2.) der Zwang zur nachholenden Industrialisierung, aus dem sich wiederum der Zwang zur Erwirtschaftung agrarischer Überschüsse und zum

Extraktivismus (Abbau der natürlichen Ressourcen) für den Export auf den Weltmarkt ergibt, um so an die Devisen für die nötigen Maschinen- und Hochtechnologieimporte zu gelangen, damit verbunden (3.) der Zwang, das im Rahmen der ersten revolutionären Bodenreform an die landlosen Bauern verteilte Land nun zu kollektivieren, weil die kollektivierte, maschinelle Landwirtschaft aufgrund ihrer erheblichen Produktivitätssteigerung die Voraussetzung für agrarische Überschüsse ist, (4.) die Gegensätze, die sich damit zwischen Arbeitern und Bauern, zwischen Stadt und Land ergeben, und die Hungersnöte und immensen Opferzahlen der (Zwangs-)Kollektivierung sowohl in der Sowjetunion in den 1930er Jahren als auch in China während des »Großen Sprungs« erklären, (5.) die Zunahme autoritärer Herrschaftspraxen im Umgang mit diesen Widersprüchen und den Kritikern wie der »Arbeiteropposition« in Sowjetrussland, bis hin zu den Stalin'schen Verbrechen und der Moskauer Schauprozesse (1936-1938), (6.) der mit diesen Verbrechen verbundene Ansehensverlust des Kommunismus, der Verlust seiner Unschuld, der im Westen die antikommunistische Propaganda der Bourgeoisie erleichtert und damit hier wiederum die antikapitalistische Revolution erschwert, usw.

Die Ausgangslage für Maos Revolutionsstrategie ist das konkrete reale China, das politische Ziel der »Aufbau eines freien, gleichberechtigten neuen China« (Mao 1938b: 181): »Wir Kommunisten kämpfen [...] nicht nur für die politische und wirtschaftliche Revolution in China, sondern auch für eine chinesische Kulturrevolution; das Ziel dieses umfassenden Kampfes ist die Errichtung einer neuen Gesellschaft; und eines neuen Staates für die chinesische Nation. In dieser neuen Gesellschaft, diesem neuen Staat werden nicht nur die Politik und die Wirtschaft neu sein, sondern wird es auch eine neue Kultur geben. Das heißt, wir wollen nicht bloß das politisch unterdrückte und ökonomisch ausgebeutete China in ein politisch freies und wirtschaftlich blühendes Land verwandeln, sondern auch aus dem wegen seiner Beherrschung durch die alte Kultur unwissenden und rückständigen China ein Land machen, in dem eine neue Kultur herrscht und das daher aufgeklärt und fortschrittlich ist« (Mao 1940a: 396).

Den Vertretern der These von der »unvermeidlichen Unterjochung« Chinas hält Mao entgegen, dass sie »nur einen einzigen Faktor vor Augen« hätten, »nämlich den Gegensatz zwischen der Stärke des Feindes und unserer Schwäche«. Dabei gelte aber: »der Feind« ist »zwar stark, sein Land aber klein, während China zwar ein schwaches, aber ein großes Land« sei (Mao 1938b: 141). Mao sieht Chinas Potenzial in seiner »riesigen Bevölkerung, die sich aus vielen Nationalitäten zusammensetzt« und mit

»450 Millionen Menschen [...] fast ein Viertel der Bevölkerung des gesamten Erdballs« ausmache (Mao 1939h: 354) und in seiner territorialen Ausdehnung, denn als »eines der größten Länder der Welt«, sei »sein Territorium [...] fast ebensogroß wie das von ganz Europa«. Sein natürlicher Reichtum habe »die Vorfahren unserer chinesischen Nation« getragen und sei die Voraussetzungen für das neue China. Es gebe sowohl »günstige« als auch ungünstige Bedingungen. Die geografische Lage zähle zu den »günstigen«: China grenze an die Sowjetunion, »während die wichtigsten imperialistischen Staaten Europas und Amerikas ziemlich weit von uns entfernt liegen« und man umgeben sei von noch anderen »Kolonien und Halbkolonien« des Westens. Ungünstig wirke sich hingegen aus, »daß der japanische Imperialismus unter Ausnutzung seiner geographischen Nähe [...] ständig die Existenz aller Nationalitäten Chinas sowie die Revolution des chinesischen Volkes« bedrohe (ebd.: 353f.).

Seit dem Übergang von der »klassenlosen Urgesellschaft« zur »Klassengesellschaft« seien 4.000 Jahre vergangen. Die chinesische Zivilisation, mit ihrer »schriftlich belegte[n] Geschichte von fast 4 000 Jahren«, habe sich »von alters her durch seine hochentwickelte Landwirtschaft und handwerkliche Produktion« ausgezeichnet, »viele bedeutende Denker, Wissenschaftler, Erfinder,

Politiker, Strategen, Schriftsteller und Künstler« hervorgebracht und in der technologischen Entwicklung lange vor Europa gelegen. Die »chinesische Nation« sei »der ganzen Welt nicht nur durch ihren Fleiß und ihre Ausdauer bekannt, sondern zugleich als eine Nation, die die Freiheit zutiefst liebt und reiche revolutionäre Traditionen« besitze. Immer wieder habe es »Bauernaufstände gegen die finstere Herrschaft der Grundherren und der Aristokratie« gegeben, die Ablösung der Dynastien voneinander sei in der Regel die Folge dieser Aufstände gewesen (ebd.: 354f.).

Im Feudalismus aber sei die Entwicklung verlangsamt worden. Dies habe mehrere Gründe: *erstens* die Konzentration des Landbesitzes in den Händen einer kleinen Klasse, bestehend aus »Grundherren, [..] Aristokratie und [...] Kaiser«, die die eigentumslosen Bauern auf ihrem Land arbeiten ließen und zwischen 40 bis 80 Prozent ihrer Ernte als Nutzungsgebühr raubten, *zweitens* eine »selbstgenügsame Naturalwirtschaft«, in der auch der den Bauern abgepresste »Pachtzins« der »persönlichen Verwendung« durch die Grundherren gedient habe, *drittens* die Existenz einer durch zusätzliche Steuern finanzierten »riesigen Meute von Staatsbeamten und einer Armee«, die »hauptsächlich zur Unterdrückung der Bauern eingesetzt« wurde, und *viertens* ein feudaler Machtapparat mit adeligen Nutznießern auf allen Ebenen (ebd.: 355f.).

Unter diesen Bedingungen einer drei Jahrtausende währenden »feudalen wirtschaftlichen Ausbeutung und politischen Unterdrückung« habe die »Bauernschaft viele Jahrhunderte lang ein armseliges, elendes Sklavendasein« gefristet. Hiergegen habe sie sich in »Hunderte[n] von großen und kleinen Aufständen« gewehrt. Der »Widerspruch zwischen der Bauernschaft und der Grundherrenklasse« sei der »Hauptwiderspruch in der Feudalgesellschaft« gewesen. Die Klassenkämpfe seien »die wahren Triebkräfte der historischen Entwicklung«, weil sie »der jeweiligen Feudalherrschaft einen Schlag« versetzt hätten, der »in gewissem Grad die Entwicklung der Produktivkräfte der Gesellschaft« verändert habe. Indes sei das Fehlen einer »richtige[n] Führung, wie sie heute vom Proletariat und von der Kommunistischen Partei ausgeübt« werde, verantwortlich dafür, dass die Revolten »stets mit einer Niederlage« geendet und nur »von der Aristokratie als Werkzeug zur Ersetzung einer Dynastie durch eine andere ausgenutzt« worden seien (ebd.: 356f.).

Die »Rückständigkeit« Chinas führt Mao dialektisch auf die »äußerste Armut und Rückständigkeit der Bauern infolge der grausamen Ausbeutung und Unterdrückung« zurück (ebd.). Tatsächlich hat die Grundherrenklasse kein Interesse an anderen Verhältnissen: »Da sie ihren Reichtum in Land angelegt« hat »und der Wert des Landes um so mehr steigt, je größer die Bevölkerung und je knapper somit das vorhandene Land wird, ist ihnen an einer Änderung der Verhältnisse nicht gelegen« (Adolphi 2009: 14). Diese Verhältnisse hätten, so Mao, dazu geführt, dass es zu Chinas »Jahrhundert der Demütigung« gekommen sei: »Nach dem Opiumkrieg von 1840«, im Sinne des »Eindringen[s] des ausländischen Kapitalismus«, habe sich China von einer Feudalgesellschaft »nach und nach in eine halbkoloniale und halbfeudale Gesellschaft« gewandelt (Mao 1939h: 358). Aufstände, die sich gegen die daraus resultierende Not richten, haben unglaubliche Opferzahlen zur Folge – so etwa der Taiping-Aufstand (1850-1864), der sich zum Bürgerkrieg ausweitete und letztlich mehr als 30 Millionen Menschen das Leben kostete (Wemheuer 2010: 15). Insgesamt sank die Bevölkerungszahl zwischen 1850 und 1873 von 410 Millionen auf nur noch etwa 350 Millionen (Adolphi 2009: 15).

Imperialismus und der Übergang vom Zeitalter der bürgerlichen zum Zeitalter der proletarischen Weltrevolution

Der Kapitalismus hätte sich in China, befindet Mao, auch ohne den europäischen Imperialismus entwickelt. Dieser habe seine Entwicklung lediglich beschleunigt.

An die Stelle von selbstgenügsamer Agrarwirtschaft und Handwerk sei die »Warenwirtschaft in Stadt und Land« getreten. So seien sowohl eine »Kompradoren-Bourgeoisie« entstanden, die zum eigenen Vorteil den Reichtum des Landes an die europäischen Imperialisten verhökerte, als auch eine »nationale Bourgeoisie« mit einer eigenen Akkumulationsbasis. Das chinesische Proletariat sei einerseits Resultat dieser nationalen Bourgeoisie und zugleich »der von den Imperialisten unmittelbar in China betriebenen Unternehmen«. Im Ergebnis sei »ein bedeutender Teil des chinesischen Proletariats älter und erfahrener als die chinesische Bourgeoisie«. Daraus erwachse der strategische Vorteil, dass »seine gesellschaftliche Kraft größer und seine soziale Basis breiter« sei (Mao 1939h: 358f.).

Zugleich habe das »Eindringen des Imperialismus« den Kapitalismus auch gehemmt. Der Imperialismus fördere nicht, sondern behindere kapitalistische Entwicklung: Denn die imperialistischen Mächte hätten »keineswegs das Ziel« verfolgt, »das feudale China in ein kapitalistisches zu verwandeln«. Im Gegenteil, sie »verfolgen das Ziel, China in ihre Halbkolonie und Kolonie zu verwandeln«; und sie würden dafür »weiterhin alle militärischen, politischen, wirtschaftlichen und kulturellen Unterdrückungsmittel« einsetzen: (1.) »Aggressionskriege« wie die

Kriege von 1840, 1857, 1884, 1894 und den Krieg der acht imperialen Mächte von 1900, die im Ergebnis der »militärischen Niederlagen« Chinas dazu geführt hätten, dass sich die »imperialistischen Mächte [...] Teile chinesischen Territoriums« durch Okkupation und Zwangsverpachtung bemächtigten und »riesige Kontributionen« forderten; (2.) eine Reihe von erzwungenen »ungleichen Verträgen«, in deren Folge sie »das Recht, Seestreitkräfte und Landtruppen in China zu stationieren« bekamen und es in »Einflußsphären« unter sich aufteilten; (3.) die Kontrolle und Konzessionierung von Handelshäfen, Zöllen, Außenhandel und Verkehrsinfrastruktur, um so den Absatz ihrer eigenen Überschussproduktion in China zu erzwingen; (4.) die Ausnutzung der Kompradoren-Bourgeoisie, um »von den Handelsstädten bis zu den entlegensten Winkeln« »Handelswucher« betreiben zu können; (5.) die Verwandlung der Grundherrenklasse in eine »Stütze ihrer Herrschaft in China«; (6.) die Ausbeutung von chinesischen Arbeitskräften in eigenen Betrieben der »Leicht- und der Schwerindustrie«, was die Entwicklung einer eigenen nationalen Bourgeoisie gehemmt habe; (7.) die Kontrolle des Geld- und Finanzmarktes in China durch eigene Bankengründungen und das Anleihegeschäft mit dem verschuldeten chinesischen Staat; (8.) die Aufrüstung der chinesischen Feudalklasse, mit der diese die eigene Bevölkerung niederhielt; (9.) die auch durch »Missionare« ausgeführte »Aggressionspolitik auf dem Gebiete der Kultur«, mit der man versuchte, »gefügige Intellektuellenkader für die Imperialisten herauszubilden und die breiten Massen des chinesischen Volkes zu verdummen« (ebd.: 360f.).

Die »Aggression der imperialistischen Mächte gegen China« habe also »einerseits den Zerfall der chinesischen Feudalgesellschaft und die Entstehung von Elementen des Kapitalismus in China« gefördert und »dadurch die feudale in eine halbfeudale Gesellschaft« umgewandelt; andererseits aber hätten »die imperialistischen Mächte hier eine grausame Herrschaft« ausgeübt und »das unabhängige China in ein halbkoloniales und koloniales Land« verwandelt. Es sei gekennzeichnet durch: (1.) Die Zerstörung der »selbstgenügsamen Naturalwirtschaft« bei gleichzeitiger Beibehaltung der »Ausbeutung der Bauern durch die Grundherrenklasse«. Diese nehme »in Verbindung mit der Ausbeutung durch das Kompradoren- und das Wucherkapital« die »eindeutig dominierende Stellung im sozialökonomischen Leben Chinas ein«. (2.) Der »nationale Kapitalismus« sei unter diesen Bedingungen nicht »zur sozialökonomischen Hauptform Chinas geworden«, sondern »schwach und zum großen Teil mehr oder minder mit dem ausländischen Imperialismus und dem einheimischen Feudalismus verbunden«. (3.) Die

»absolute Macht des Kaisers und der Aristokratie« sei in den nichtbesetzten Gebieten zugunsten einer »Diktatur der Grundherrenklasse und Großbourgeoisie« überwunden worden. (4.) Der »Imperialismus« kontrolliere »nicht nur die lebenswichtigen Finanz- und Wirtschaftsadern Chinas, sondern auch seine politischen und militärischen Kräfte«. (5.) Kontrolliert durch die auswärtigen Imperialmächte, die an Tributen, nicht aber an der Entwicklung des Landes interessiert seien, ergäbe sich zwangsläufig eine »äußerst ungleichmäßig[e]« »wirtschaftliche, politische und kulturelle Entwicklung«; und (6.) »Unter dem Doppeljoch von Imperialismus und Feudalismus und vor allem infolge des großangelegten Angriffs des japanischen Imperialismus« seien »die breiten Volksmassen« und »in erster Linie die Bauern, immer mehr verarmt; viele von ihnen sind sogar ruiniert. Sie leiden unter Hunger und Kälte und haben keinerlei politische Rechte«. Die »Armut und Unfreiheit« der Bevölkerung habe »ein solches Ausmaß« erreicht, »wie es selten in der Welt anzutreffen« sei (ebd.: 361f.).

Am Ende kommt Mao gemäß seiner Haupt- und Nebenwiderspruchsphilosophie zum Schluss: »Der Widerspruch zwischen dem Imperialismus und der chinesischen Nation sowie der Widerspruch zwischen dem Feudalismus und den breiten Volksmassen sind die grundlegenden

Widersprüche der chinesischen Gesellschaft in der neueren Zeit«. Es gebe »natürlich auch andere Widersprüche, so beispielsweise der Widerspruch zwischen der Bourgeoisie und dem Proletariat und die Widersprüche unter den reaktionären herrschenden Klassen. Aber von allen Widersprüchen« sei »der Widerspruch zwischen dem Imperialismus und der chinesischen Nation der hauptsächliche«. Als ein sich verschärfender Widerspruch bringe er »unvermeidlich revolutionäre Bewegungen hervor, die unaufhörlich anwachsen«. Die großen chinesischen Revolutionen von 1900, 1911 und 1924 seien »auf der Basis dieser grundlegenden Widersprüche« entstanden und entwickelten sich aus ihnen (ebd.: 363f.). Maos Denken richtet sich also in dieser Zeit auf die Lösung des Imperialismus- und Feudalismus-Widerspruchs, deren Lösung dem Kapital-Arbeit-Antagonismus vorausgehen müssten. Selbst der Feudalismus-Widerspruch wird im Rahmen der zweiten nationalen Einheitsfront anders, moderater behandelt werden, die unter den Kleinbauern und Landlosen immens populäre Sozialisierung des Großgrundbesitzes zurückgestellt, um die Kräfte gegen den imperialistischen Feind zu konsolidieren.

Mao entwickelt vor dem Hintergrund dieser Analyse der verwickelten Gemengelage von auswärtigen und einheimischen Ausbeutern und Unterdrückern seine antiimperialistische und sozialistische Strategie. Er ist sich über die Schwierigkeiten der Revolution in abhängigen Formationen bewusst. Zugleich haben die chinesischen Kommunisten die Bolschewiki vor Augen, die nach Jahren des Bürgerkriegs den militärischen Kampf gegen die alte Herrschaftsklasse, die von außen durch die imperialistischen Mächte im Rahmen der Militärhilfe und Invasion der »Entente« unterstützt wird, gewannen. Ohne die Oktoberrevolution ist die Gründung der KPCh im marxistisch-leninistischen Geist undenkbar.

Die Oktoberrevolution interpretiert Mao als Auftakt der Weltrevolution. Angesichts der verschiedenen Entwicklungsstadien, Klassenverhältnisse und Einbindung in den hierarchischen Weltmarkt erfordere diese in den jeweiligen Weltregionen jedoch unterschiedliche Strategien. Es macht einen gewaltigen Unterschied, ob das Proletariat, wie in den kapitalistischen Zentren im euroatlantischen Raum schon zur Mehrheitsklasse geworden ist, so wie dies die europäischen Marxisten als Voraussetzung der proletarischen Revolution begreifen (vgl. die Bände 4,6, 7 und 11 der *Edition Marxismen*), oder ob, wie in China, die Unterentwicklung bedeutet, dass die Klassenverhältnisse immer noch agrarisch-feudalistisch geprägt und wesentlich vom Gegensatz zwischen Großgrundbesitz und Landarmen gekennzeichnet sind.

Zugleich hat der Sieg der proletarischen Revolution in Russland und die Gründung des ersten proletarischen Staates der Welt den Charakter der Revolution für alle Kontexte grundsätzlich verändert. Die Oktoberrevolution ist für Mao Ausdruck eines neuen Zeitalters. Revolutionen in den unterentwickelten, abhängigen Ländern könnten nun nicht mehr länger dem Muster der bürgerlich-demokratischen Revolution Europas folgen, in deren Ergebnis erst die kapitalistische Dynamik ins Werk gesetzt wird, die die Produktivkräfte steigert und das Proletariat zur Mehrheitsklasse macht, also die historische Mission des Kapitalismus erfüllt und den Kapital-Arbeit-Antagonismus bis zu dem Punkt zuspitzt, dass die Gesellschaft und ihre Eigentumsstrukturen reif für die proletarische Revolution sind. Das neue Zeitalter, das mit der Oktoberrevolution beginnt, blockiert diesen Weg. Mit dem Übergang des Kapitalismus zum Imperialismus einerseits und dem Sieg der proletarischen Revolution in der Sowjetunion und ihrer Konfrontation durch den Imperialismus andererseits seien Revolutionen in dem Teil der Welt, den wir heute den globalen Süden nennen, automatisch Teil der proletarischen Weltrevolution. Eine Befreiung allein vom Feudalismus im Innern und die Schaffung von bürgerlich-kapitalistischen Verhältnissen könne schon allein deshalb nicht erfolgreich sein, weil der

Imperialismus sich mit dem Feudalismus verbinde und ihn nutze, um die kolonialisierten und halbkolonialisierten Entwicklungsländer auszubeuten, womit er die nationale kapitalistisch-souveräne Entwicklung verhindere. Jeder Versuch einer nationalen Befreiung von der Unterentwicklung dränge eben diesen an die Seite der Sowjetunion als Vertreterin des Weltproletariats. Der Kampf zwischen Imperialismus und Sozialismus erscheint damit im Marxismus-Leninismus als der Staat gewordene Klassenkampf auf der Weltbühne, als Auseinandersetzung zwischen Weltrevolution und Weltgegenrevolution.

Klassen und Klassenfraktionen in der abhängigen, rückständigen Gesellschaftsformation und ihre Stellung zur Revolution

Dem Selbstverständnis der 1921 gegründeten Kommunistischen Partei nach ist die von ihr angestrebte Revolution die Fortführung der von Sun Yat-sen angeführten bürgerlich-demokratischen Revolution von 1911. Sie ist aber zugleich die strategische Konsequenz aus einerseits ihrem Scheitern und andererseits der neuen Globalkonstellation im Ergebnis des »Roten Oktobers« in Russland. Schon drei Jahre nach Gründung der KPCh kommt es erneut zur Revolution, aber die bürgerlichen

Kuomintang wechseln 1927 ins Lager der Konterrevolution. Im Ergebnis auch der anschließenden »Agrarrevolutionären Kämpfe« festigt sich Maos revolutionäre Strategieperspektive, die mit wesentlichen Elementen der europäischen Revolutionskonzepte bricht. 1926 zeigt sich Mao in seiner Schrift *Analyse der Klassen in der chinesischen Gesellschaft* überzeugt: Der Grund, warum »alle bisherigen revolutionären Kämpfe in China nur sehr geringe Erfolge« gebracht hätten, sei, »daß man es nicht vermochte, sich mit den wahren Freunden zusammenzuschließen, um die wahren Feinde zu bekämpfen.« Eine »revolutionäre Partei« sei »der Führer der Massen und keine Revolution« sei »jemals erfolgreich gewesen«, wenn sie »die Massen auf einen falschen Weg geführt« habe. Die Antwort aber, wer »unsere wahren Freunde« sind, mit denen man sich zusammenschließen müsse, »um unsere wahren Feinde zu bekämpfen«, setze eine Analyse der »ökonomischen Lage der verschiedenen Klassen in der chinesischen Gesellschaft und deren jeweilige Einstellung zur Revolution in großen Zügen« voraus (Mao 1926: 9)

Mao unterscheidet *fünf gesellschaftliche Klassen*: Die Klasse der Grundherren und die Kompradorenklasse, die mittlere beziehungsweise nationale Bourgeoisie, das Kleinbürgertum, das Halbproletariat und das Proletariat.

Die *erste Klasse*, die der Grundherren und Kompradoren, ist, wie alle Klassen, durch ihre Stellung im Produktions-, Zirkulations- und Distributionsprozess bestimmt. Die ökonomische Machtbasis der Grundherren beruht auf ihrem Landbesitz, der es ihnen ermöglicht, durch Pachtsystem usw. die Landarbeiter und Bauer auszubeuten. Ihre Form der Ausbeutung ist die Grundrente. Der Widerspruch ist ein feudalistischer. Die Kompradorenklasse ist ein Teil der herrschenden Klasse, verfügt aber über keine eigene Akkumulationsbasis, sondern nutzt ihre Position im Staat, um zu eigenem Gewinn die nationalen Reichtümer an die Kapitalunternehmen der imperialistischen Staaten zu verhökern. Sie ist darum kein Teil der nationalen Bourgeoisie. Ohne eigene ökonomische Akkumulationsbasis hat sie kein Interesse an der nationalen Befreiung vom Imperialismus. Im Gegenteil, sie lebt von ihm. Die Klassen der Grundherren und Kompradoren seien in einem »ökonomisch rückständigen, halbkolonialen« Land »im wahrsten Sinne des Wortes Vasallen der internationalen Bourgeoisie und hängen in ihrer Existenz und Entwicklung vom Imperialismus ab. Diese Klassen vertreten die rückständigsten und reaktionärsten Produktionsverhältnisse [...] und verhindern die Entwicklung [der] Produktivkräfte«. Ihre Existenz sei »mit den Zielen der chinesischen Revolution unvereinbar. Besonders die großen Grundherren und die großen

Kompradoren« stünden »stets auf seiten des Imperialismus und bilden eine extrem konterrevolutionäre Gruppe.« Politisch vertreten würden sie durch den rechten Flügel der Kuomintang (ebd.: 9f.).

Als »mittlere Bourgeoisie« oder »nationale Bourgeoisie« bezeichnet Mao die *zweite Klasse*. Damit meint er denjenigen Bevölkerungsteil, der über eine eigene Akkumulationsbasis verfügt und »die kapitalistischen Produktionsverhältnisse in Stadt und Land« vertritt. Die Haltung der nationalen Bourgeoisie zur Revolution sei widerspruchsvoll: »Wenn sie die Schläge des ausländischen Kapitals, die Unterdrückung durch die Militärmachthaber schmerzlich verspürt, fühlt sie die Notwendigkeit einer Revolution und tritt für die gegen den Imperialismus und gegen die Militärmachthaber gerichtete revolutionäre Bewegung ein; wenn aber«, wie 1924 geschehen, »das einheimische Proletariat kühn an der Revolution teilnimmt, das internationale Proletariat der Revolution von außen aktive Hilfe« leiste und die nationale Bourgeoisie infolgedessen spüre, »daß die Verwirklichung ihres sehnlichen Wunsches, in ihrer klassenmäßigen Entwicklung die Stellung der Großbourgeoisie zu erlangen, bedroht ist«, beginne sie »wieder an der Revolution zu zweifeln«. Ihr Ziel sei »die Schaffung eines Staates [...], in dem die nationale Bourgeoisie als einzige Klasse herrschen soll«. Ihre

Parole sei: »Erhebe deine Linke zur Niederschlagung des Imperialismus, erhebe deine Rechte zur Niederschlagung der Kommunistischen Partei«. In China richte sich die nationale Bourgeoisie dagegen, »daß das Prinzip der Kuomintang vom Volkswohl im Sinne der Lehre vom Klassenkampf erklärt wird«, richte sich »gegen das Bündnis der Kuomintang mit Rußland und gegen die Aufnahme von Kommunisten und Linksgerichteten in die Kuomintang«. Eingeklemmt zwischen dem übermächtigen Großkapital aus den imperialistischen Staaten einerseits und den revolutionären Volksklassen andererseits sei die Haltung der »nationalen Bourgeoisie« zwangsläufig widerspruchsvoll und »ängstlich«. Ihr »Versuch, einen Staat zu schaffen«, in dem sie selbst herrschend ist, sei »gänzlich unrealisierbar, weil die gegenwärtige Weltlage durch den Endkampf zwischen den zwei großen Kräften, der Revolution und der Konterrevolution, gekennzeichnet« sei. Die Revolution versammele sich unter dem »rote[n] Banner« der »III. Internationale, die alle unterdrückten Klassen in der Welt aufruft, sich um ihr Banner zu scharen«, die Konterrevolution versammele sich unter dem »weiße[n] Banner [...], erhoben vom Völkerbund, der alle Konterrevolutionäre in der Welt« aufrufe, »sich um sein Banner zu scharen«. Die »Zwischenklassen« würden sich »bald spalten: Die einen werden nach links – zur Revolution –, die anderen nach rechts – zur Konterrevolution – abschwenken«, es gebe »keinen Spielraum für ihre ›Unabhängigkeit‹« (ebd.: 10f.).

Die *dritte Klasse* ist für Mao das »Kleinbürgertum«, das er – wie später auch Nicos Poulantzas – weit definiert: »Bauern auf Eigenland, die Besitzer von Handwerksbetrieben, die unteren Schichten der Intelligenz – Schüler und Studenten, Lehrer der Mittel- und Grundschulen, kleine Beamte, kleine Büroangestellte, kleine Advokaten – und die kleinen Händler«. Diese Klasse verdiene ihrer »zahlenmäßigen Stärke und [ihrer] Klassennatur wegen starke Beachtung« (ebd.: 11). Es ist diese Beachtung, die Mao ihr schenkt, aus der sich letztlich die Sinisierung des Marxismus ergibt.

Mao ist Teil der Verschiebung der Revolution in die Zielländer des europäischen Kolonialismus und formellen wie informellen Imperialismus. Das Elend, das die unheilige Trias von feudaler Grundherrschaft, kapitalistischer Klassenherrschaft und imperialistischer Fremdherrschaft hervorbringt, macht nicht nur China als ein schwaches Glied in der imperialistischen Kette reif für die Revolution. Aber Chinas Klassenstruktur ist stärker kleinbürgerlich geprägt und nicht in der Weise entwickelt, wie es das Marx'sche Revolutionsmodell der west- und mitteleuropäischen Marxistinnen und Marxisten vorsah. Entsprechend rückt für Mao an die Seite des Proletariats ein weiteres, entscheidendes historisches Subjekt der Revolution: die Landlosen und Kleinbauern. Es ist eine entscheidende Wende, denn die erfolgenden Umwälzungen in der »Dritten Welt« werden im 20. Jahrhundert stark von ihnen getragen sein. Für die Revolution verschieben sich damit sowohl Geografie als auch Akteure und Strategie: Das Land erobert die Städte und tut dies mit dem Mittel des Guerillakriegs.

Die Angehörigen des Kleinbürgertums sind insbesondere die »Bauern auf Eigenland« und die »Besitzer von Handwerksunternehmen«. Ihr Charakteristikum ist: Sie »betreiben eine Wirtschaft der Kleinproduktion«. Drei Schichten dieser Klasse ließen sich identifizieren: »Die erste Gruppe« bestehe »aus denjenigen, die Überschuß an Geld und Getreide haben, d.h. aus Menschen, die nach Befriedigung der eigenen Bedürfnisse durch ihre körperliche oder geistige Arbeit alljährlich einige Überschüsse erzielen.« Dies führe dazu, dass sie »sehr begierig darauf« seien, »reich zu werden« und »in die Stellung der mittleren Bourgeoisie emporzuklettern. Menschen »dieser Art« seien »feige, fürchten die Behörden«, hätten auch »ein wenig Angst vor der Revolution«, und würden ferner, weil sie »ihrer wirtschaftlichen Lage nach der mittleren Bourgeoisie« sehr nahestünden, »deren Propaganda« willig glauben. Kurz, diese Gruppe stelle »eine

Minderheit des Kleinbürgertums dar« und sei »sein rechter Flügel«. Die »zweite Gruppe« setzt sich für Mao aus dem Subsistenz-Kleinbürgertum zusammen, das »im großen und ganzen das erwirtschafte[t]«, was es »zum Leben brauch[t]«. Es träume zwar ebenfalls von individuellem Reichtum, aber das bleibe ein Wunschtraum; auch hätten die Angehörigen dieser Klassenfraktion »infolge der Unterdrückung und Ausbeutung durch die Imperialisten, die Militärmachthaber, die feudalen Grundherren und die Kompradoren-Großbourgeoisie«, denen sie ausgesetzt seien, »das Gefühl, daß sich die Welt geändert« habe. Sie würden »merken, daß sie heute bei gleichem Arbeitsaufwand wie früher nicht mehr imstande« sind, »ihren Lebensunterhalt zu bestreiten«. Um ihrem »Dasein fristen zu können«, müssten sie »jetzt ihren Arbeitstag verlängern, von früh bis spät schuften und im Beruf doppelt auf der Hut sein«, weswegen sie nun »zu schimpfen« begännen: »Sie bezeichnen die Ausländer als ›fremde Teufel‹, die Militärmachthaber als ›Raffergenerale‹« und die lokalen, willkürlich herrschenden Machthaber »als ›herzlose Geldsäcke‹«. Aus der subjektiven Ohnmacht, die sich aus ihrer Klassenlage ergebe, zweifelten sie am »Enderfolg« der »Bewegung gegen die Imperialisten und die Militärmachthaber«, weil diese »doch so mächtig« seien, und bezögen eine »neutrale Position«, seien jedoch »keineswegs gegen die Revolution«. Weil es sich zahlenmäßig um die größte Fraktion des Kleinbürgertums handele, die »etwa [seine] Hälfte« ausmache, wird Mao sie als entscheidendes Zünglein an der Waage betrachten. Die »dritte Gruppe« setze sich aus Menschen zusammen, für die der Erhalt ihres bisherigen Lebensstandards nicht nur immer größere Anstrengungen erfordere, sondern deren Lebensstandard sich auch absolut verschlechtere, die also von seelisch erheblich belastender Deklassierung betroffen seien: »[D]a sie einst bessere Tage gesehen haben, nun aber mit jedem Jahr immer tiefer sinken, sich mehr und mehr in Schulden verstricken und ein immer elenderes Dasein fristen, ›überläuft es sie eiskalt, wenn sie an die Zukunft denken‹«. Diese Klassenfraktion des Kleinbürgertums sei »ziemlich wichtig für die revolutionäre Bewegung«, weil »ihre Zahl [...] nicht gering« sei und sie »den linken Flügel des Kleinbürgertums« bilden würde (ebd.: 11f.).

Aus den Erfahrungen der Revolution von 1924 und der Bewegung des 30. Mai 1925 schließt Mao, dass die Revolution das Kleinbürgertum radikalisiert: In nichtrevolutionären Zeiten sei »die Einstellung der erwähnten drei Gruppen [...] zur Revolution unterschiedlich«. In revolutionären Zeiten würde sich »an der Revolution nicht nur die linke Gruppe des Kleinbürgertums« beteiligen,

»sondern auch seine mittlere Gruppe«; ja »selbst Elemente seiner rechten Gruppe« würden »von der mächtigen revolutionären Welle des Proletariats und der linken Gruppe des Kleinbürgertums mitgerissen« werden, es bleibe »ihnen nichts übrig, als mit der Revolution mitzugehen« (ebd.: 13).

Die *vierte Klasse*, die Mao in der chinesischen Gesellschaft seiner Zeit identifiziert, ist das »Halbproletariat«. Dieses unterteile sich wiederum in fünf Fraktionen: *Erstens* die »überwiegende Mehrheit der Halbbesitzer« (ebd.), also Bauern, die teils auf Pacht-, teils auf Eigengrund wirtschaften (ebd.: 18), die also gezwungen sind, hinzuzupachten, um nicht zu hungern, sich mit hoher Zinsbelastung zu verschulden und Zusatzjobs anzunehmen; *zweitens* die »armen Bauern«, die »keinen eigenen Boden [besitzen]«, darum das von ihnen bewirtschaftete Land von den Grundherren pachten und, in dieser Form ausgebeutet, »für ihre Arbeit nur die Hälfte oder noch weniger als die Hälfte ihrer Ernte« erhalten; *drittens* die »kleinen Handwerker«, die darum zu den Halbproletariern zu zählen seien, weil sie zwar im Besitz »einige[r] Produktionsmittel« seien und »überdies als Selbständige gelten« würden, aber »dennoch ebenfalls häufig gezwungen« seien, »teilweise ihre Arbeitskraft zu verkaufen«, immer vom »Mißverhältnis zwischen Einkommen und

Existenzminimum« und der »ständige[n] Furcht vor Arbeitslosigkeit« gekennzeichnet seien, weshalb ihre »Lage etwa der der armen Bauern im Dorf« entspreche; *viertens* die »Handlungsgehilfen«, die als »Angestellte der Handelsunternehmen« ihre Familien mit »einem bescheidenen Gehalt« unterhielten, das, wie sie fortwährend lamentieren, mit der Teuerungsrate nicht Schritt halte, weswegen ihre Lage der »der armen Bauern und der kleinen Handwerker« ähnele und sie ebenfalls »für revolutionäre Propaganda überaus empfänglich« seien; und *fünftens* die »Straßenhändler«, die, »ganz gleich, ob sie hausieren gehen oder Verkaufsstände auf den Straßen haben«, nicht genug verdienten, »um sich zu ernähren und zu kleiden« und, wie die armen Bauern, »eine Revolution« bräuchten, »die die bestehenden Zustände ändert« (ebd.: 13-15).

In Maos Erfahrung wächst das revolutionäre Potenzial, je mehr man sich den untersten Stufen der Klassenhierarchie nähert, je aussichts- und auswegloser die Klassenlage ihren Subjekten scheint. Die revolutionäre Masse entsteht für Mao aus den Halbbesitzern und armen Bauern. Die »überwiegende Mehrheit« dieser Halbbesitzer bilde »zusammen mit den armen Bauern eine zahlenmäßig gewaltige Masse der Landbevölkerung«. Die »Bauernfrage« sei »hauptsächlich das Problem dieser

Schichten«. Die »Halbbesitzer« seinen im Ergebnis ihrer Klassenlage tendenziell »revolutionärer gesinnt als die Bauern auf Eigenland, aber weniger revolutionär als die armen Bauern«, die sich noch einmal unterschieden in diejenigen, die für ihre Arbeit über »ausreichend Ackergerät« und »Geldmittel« verfügten und diejenigen, für die dies nicht gelte, die darum als »elendste[r] Teil der Bauernschaft« in »Hungerjahren« von besonders extremer Not betroffen seien, deren Schulden sich häuften und die darum »für revolutionäre Propaganda überaus empfänglich« seien (ebd.: 13f.).

Die *fünfte Klasse* in Maos Analyse der chinesischen, abhängigen Gesellschaftsformation bildet das Proletariat, dessen politische Organisationsform die Kommunistische Partei sei. Es messe aber angesichts der »Rückständigkeit Chinas« lediglich »zwei Millionen Menschen« in fünf Branchen – Eisenbahn, Bergbau, Seeschifffahrt, Textilindustrie, Schiffbau – und stehe im Regelfall »unter dem Joch ausländischer Unternehmer«. Ungeachtet seiner zahlenmäßig geringen Bedeutung sei das Industrieproletariat die »führende Kraft der revolutionären Bewegung«, weil es »Repräsentant der neuen Produktivkräfte Chinas und die fortschrittlichste Klasse« sei. Seine Bedeutung ergibt sich auch durch seine Fähigkeit, kapitalseitig wirksam zu werden, Kampfkraft zu entfalten. Das belege sein immenses

Streikpotenzial und die Reifung zum Generalstreik in Shanghai und Hongkong. Die strategische Relevanz der Industriearbeiterklasse führt Mao auf zwei Gründe zurück, zum einen »ihre Konzentration« und zum anderen »ihre niedrige wirtschaftliche Stellung«: angewiesen auf den Verkauf der eigenen Arbeitskraft als Ware, entsprechend auch ohne »Hoffnung, reich zu werden«, und dazu »von den Imperialisten, den Militärmachthabern und der Bourgeoisie aufs grausamste behandelt«, woraus eine besondere Kampffähigkeit erwachse (ebd.: 15).

Als eine besondere Untergruppe des Proletariats begreift Mao die »städtischen Kulis«, deren Mehrheit vor allem aus »Hafenarbeitern« und »Rikschakulis« bestehe (Letztere gab es in Beijing noch bis in die frühen 2010er Jahre), aber zu denen auch die »Fäkaliensammler und die Straßenfeger« gehören würden. Auch sie besäßen, wie die »Industriearbeiter«, nichts »außer ihren beiden Händen«, aber wesentlich für ihre Klassenlage sei, dass sie eben »weniger konzentriert« seien und »eine geringere Rolle in der Produktion« spielen würden (ebd.: 15f.).

Hinzu kommt die Landarbeiterklasse. Ein eigentumsloses Landproletariat sei in China prinzipiell eher nicht existent, da die landwirtschaftlichen Verhältnisse weiterhin weitgehend feudal seien, also auf Grundherrschaft und Aneignung von Mehrprodukt qua Pachtsystem beruhen, und nicht auf agrarkapitalistischen Verhältnissen mit kapitalistischer Lohnarbeit. Zahlenmäßig sei darum das »Dorfproletariat« jener Landarbeiter, die »weder Boden noch Ackergeräte und auch keinerlei Geldmittel« besitzen und darum ihre Arbeitskraft »auf Jahre, Monate oder Tage« verkaufen, gering. Wo es existiere, sei es aber aufgrund seiner »schweren Entbehrungen« ähnlich revolutionär wie die »armen Bauern«. Zahlreich seien hingegen die »vagierenden Proletarier«, also quasi nomadisch lebende Tagelöhner – Bauern, »die ihr Land verloren haben«, oder »Handwerker, die der Möglichkeit beraubt« seien, »ihrem Beruf nachzugehen. Ihre Existenz« sei »unter allen menschlichen Lebensverhältnissen die unsicherste«. Mao sieht in der »Behandlung dieser Menschen« eines »der schweren Probleme, vor denen China« stehe. Er beobachtet eine Neigung zu »Zerstörungsaktionen«, aber hält sie dennoch für »[z]um mutigsten Kampfe fähig«. Wenn man sie »richtig« leite, könnten sie »zu einer revolutionären Kraft werden« (ebd.: 16).

Mao fasst sein Panorama der chinesischen Klassengesellschaft am Beginn des zweiten Viertels des 20. Jahrhunderts strategisch wie folgt zusammen: Man könne resümieren, »daß alle mit den Imperialisten im Bunde Stehenden – die Militärmachthaber, die Bürokraten, die Kompradorenklasse und die Klasse der großen Grundherren sowie der zu ihnen gehörige Teil der Intelligenz – unsere Feinde sind.« Das Industrieproletariat sei »die führende Kraft unserer Revolution«, das »ganze Halbproletariat und Kleinbürgertum« bilde »unsere engsten Freunde«. Vor der »nationalen Bourgeoisie«, die notwendig »schwankend« sei, müsse man »stets auf der Hut [...] sein«. Ihr »rechter Flügel« gehöre den Kräften des Klassenfeinds an, der »linke Flügel« könne jedoch »unser Freund sein«. Insgesamt aber dürfe man der nationalen Bourgeoisie »nicht erlauben, an unserer Front Verwirrung zu stiften« (ebd.).

Arbeiter- und Bauernfrage: Die proletarische Revolution auf den Kopf gestellt

Die Bolschewiki folgten der Marx'schen Auffassung, dass die Revolution vom Proletariat gemacht werde. Die Russische Revolution konnte aber nur durch die Unterstützung der kriegsmüden und landhungrigen Bauern siegen. Diese sicherte sich die Bolschewiki durch das Versprechen, das Land der verhassten Großgrundbesitzerklasse unter den mittellosen Bauern zu verteilen. Mao stellt dieses Verhältnis von Bauern und Arbeiterklasse auf den Kopf. Er folgt dem klassischen Marxismus insofern, als er das Proletariat als die führende Kraft der Revolution betrachtet und die leninistische Partei als ihre Organisationsform. Aber gleichzeitig weiß er: Die Masse macht die Revolution und die Masse sind die Bauern. »Daß die Bauern achtzig Prozent der Bevölkerung Chinas bilden, weiß jedes Schulkind.« Darum bilde »die Bauernfrage die Grundfrage der chinesischen Revolution, sind die Kräfte der Bauern ihre Hauptkraft« (Mao 1940a: 428). Ihr Kampf gegen die Feudalunterdrückung müsse sich unter Führung der KP mit den Klassenkonflikten in den Städten verbinden.

Aus der Priorisierung der Bauernklasse ergibt sich eine Umkehrung der Richtung der Revolution. Sie geht nicht, wie im Westen und in Russland, von der Stadt aus und ergreift von hier das Land, sondern umgekehrt: Das Land erobert die Städte. Dazu gehört, dass das Mittel der Revolution nicht der Industriekonflikt ist. Es ist nicht der proletarische Klassenkampf mit seinem wesentlichen Mittel, dem Streik – sowohl im Sinne des *ökonomischen* Streiks, also Lohnkampf, als auch des *politischen* Streiks, also Massen- und Generalstreik. Stattdessen ist das Mittel der »bewaffnete Kampf«. Letztlich wird die Revolution militärisch entschieden und dies erklärt auch die Zentralität der Militärfragen in Maos Denken. Dabei gilt, dass die Revolution nicht Ergebnis eines einzigen Ereignisses ist, wie beim Putsch in Russland. Die Revolution kennt kein Anfangs-, keinen Endpunkt, sondern ist ein permanenter Prozess, der Stück für Stück das Land revolutioniert, befreite Gebiete – die »roten Stützpunktgebiete« – schafft, in denen sie längst schon erfolgt und die Bodenreform durchgeführt ist, während sie in anderen Gebieten erst nach deren militärischer Eroberung erfolgen kann. Freilich ist auch Mao sich im Klaren darüber, welche Bedeutung die Eroberung der politischen Macht im Gesamtstaat hat, denn die Kuomintang stützen sich auf den Steuerstaat und seine Ressourcen, als sie den Versuch unternehmen, die Kommunistische Partei auszurotten.

Im Zentralkomitee der Partei vertritt Mao damit eine Minderheitenmeinung. Man wirft ihm Häresie vor und verhöhnt seine Position als die »Theorie des In-die-Berge-Gehens«. Als die massive Verfolgung durch die Konterrevolution beginnt, reist Mao in seine Heimatprovinz Hunan, um dort – seinem Plädoyer für einen historisch-empiriegestützten, evidenzbasierten Marxismus folgend – die lokale Bauernbewegung zu untersuchen. Sein *Untersuchungsbericht über die Bauernbewegung in Hunan* vom März 1927 ist der Versuch, seine unorthodoxe Position mehrheitsfähig zu machen. Mao beobachtet eine revolutionäre Stimmung. Die Bauern organisieren sich massenhaft in Vereinigungen von über zwei Millionen Mitgliedern und »zehn Millionen« von ihnen geführten Menschen, weshalb sich sogar die »mittlere[n] und kleine[n] Grundherren« um Mitgliedschaft bemühen würden. Das bringt Mao dazu, analog zur »Alle Macht den Räten«-Forderung in der Oktoberrevolution, die Parole auszugeben: »Alle Macht den Bauernvereinigungen« (Mao 1927: 23f.). Die aufständischen Bauern würden Sun Yat-sens demokratische Revolutionsforderung vollbringen, das »autokratische Regime« des Feudalismus mit seinen patriarchalischen Traditionen zu stürzen, auf das sich »Imperialismus, Militärmachthaber und korrupte Bürokratie« stützten (ebd.: 25). Die Kommunisten müssten »diese Veränderung unterstützen«, andernfalls würden sie »auf den Standpunkt der Konterrevolution geraten« (ebd.: 26). Tatsächlich seien die Bauern die »Vorhut der Revolution« (ebd.: 29). Die »armen Bauern«, »70 Prozent« der Landbevölkerung, seien ihre »Hauptkraft«, die Großbauern, »10 Prozent der Dorfbevölkerung«, die konterrevolutionäre Kraft. Strategisch entscheidend seien die 20 Prozent »Mittelbauern«, deren »Haltung [...] schwankend« sei (ebd.: 31f.).

Die auch militärisch in Selbstverteidigungsorganisationen zusammengeschlossenen Bauern würden sich in ihren Aufständen lokal von der ökonomischen und politischen Herrschaft der Grundherren befreien (ebd.: 42f.), von den patriarchalischen Traditionen emanzipieren (ebd.: 45-49), Genossenschaften gründen (ebd.: 58) und sich als »Kulturbewegung« mit der Gründung von »Abendschulen« auch der auf ihrem »Schweiß und Blut« erhobenen Kultur bemächtigen (ebd.: 57). Mao ist überzeugt, dass die Aufstände sich zu einer Revolution ausweiten werden. Es werde »nur noch eine sehr kurze Zeit« dauern und »in allen Provinzen Mittel-, Süd- und Nordchinas« würden »sich Hunderte Millionen von Bauern erheben«. Sie würden »alle ihnen angelegten Fesseln sprengen und auf dem Weg zur Befreiung vorwärtsstürmen« (ebd.: 22). Seine Grundhaltung erinnert durchaus an die der revolutionären Linken in Europa, an das Vertrauen in die Massen wie es Zetkin, Lenin, Trotzki oder Rosa Luxemburg vertraten, und an ihr – vom Ersten Weltkrieg und dem Zusammenbruch der Zweiten Internationale bestätigten – Misstrauen gegenüber Parteiapparaten (vgl. hierzu insbesondere Band 6 der *Edition Marxismen*), von dem auch Maos Kulturrevolution geprägt sein wird. Die Masse sei es, die den Takt der Revolution vorgibt, nicht die Parteiführung (Mao 1927: 22).

Es wird zehn Jahre dauern, bis Maos Haltung zur Mehrheitsposition wird. Letztlich ist es aus der Not geboren, dass sich die Kommunisten aufs Land zurückziehen müssen, um der Verfolgung zu entgehen. Für Mao ergibt sich dadurch die Möglichkeit, seine Strategie zu erproben;

zugleich entwickelt sich diese aus den praktischen Erfahrungen bei dem Versuch, die Kommunisten unter den armen Bauern zu verankern und rote Stützpunktgebiete zu gründen – so wie der Zwang zum bewaffneten Kampf sich aus der Situation der Konterrevolution und des »Weißen Terrors« ergibt. Es ist der Auftakt zur »Periode des zweiten revolutionären Bürgerkriegs«.

Die Bedingungen erfolgreicher Guerillakriegführung

Die Existenz von »miteinander kämpfenden roten und weißen Gebieten«, die »gleichsam zwei feindliche Staaten dar[stellen]« (Mao 1928b: 99), ist ein Novum in der Weltgeschichte: »Daß innerhalb eines Landes ein kleines Gebiet oder mehrere kleine Gebiete der roten Macht, auf allen Seiten von dem weißen Regime umgeben, lange Zeit bestehen«, sei »bisher in keinem Land der Welt vorgekommen«. Die Pariser Kommune etwa endet mit ihrer blutrünstigen Vernichtung durch die vereinte Kraft der französischen und deutschen Herrschaftsklassen. Die Frage stellt sich nach den »eigentümlichen Ursachen« einer »solchen merkwürdigen Erscheinung«. Mao sieht spezifische notwendige Voraussetzungen: Es könne *erstens* solche Stützpunkte weder in »irgendeinem imperialistischen Staat geben noch in irgendeinem Kolonialland, das direkt unter imperialistischer Herrschaft« stehe. Mao widerspricht also jenen Vorstellungen, die in den Metropolen, auch beeinflusst durch sein Werk, zur Gründung von Stadtguerillas wie der Roten Armee Fraktion in Deutschland, der Roten Brigaden in Italien, der Action directe in Frankreich oder der Weathermen in den USA führen. Es bedürfe, schreibt Mao, dafür eines halbkolonialen, unter dem Joch eines informellen Imperialismus stehenden Landes wie China. *Zweitens* bedürfe es der Existenz von »Kriegen innerhalb des weißen Machtbereichs«: Eines der »Merkmale des halbkolonialen Chinas« bestehe darin, »daß seit dem ersten Jahr der Republik (1912) die verschiedenen Cliquen der alten und neuen Militärmachthaber mit Unterstützung des Imperialismus sowie der einheimischen Kompradorenklasse und Feudalherrenklasse unausgesetzt gegeneinander Krieg führen«. Eine solche Erscheinung komme »nicht nur in keinem einzigen imperialistischen Land vor, sondern auch in keiner direkt unter imperialistischer Herrschaft stehender Kolonie« (Mao 1928a: 69). Die anhaltenden Zwistigkeiten und Kriege innerhalb des weißen Machtbereichs« hätten die »Voraussetzungen« geschaffen, »daß ein oder mehrere kleine rote Gebiete unter der Führung der Kommunistischen Partei in einer völligen Einkreisung durch das weiße Regime entstehen und sich behaupten können« (ebd.).

Mao verfasst seine Schrift zu einem Zeitpunkt, an dem der klassische Imperialismus der formellen Kolonialherrschaft noch die Norm bildet. Nach 1945 kehrt sich dieses Verhältnis um: Es entsteht ein »empire without colonies« (vgl. Band 31 und 33 der *Edition Marxismen*). Ist damit der Mao'sche Marxismus die Strategie für alle Staaten des globalen Südens, die infolge ihrer antikolonialen Revolutionen und Kämpfe formell in die Unabhängigkeit entlassenen wurden, nun aber unter den Bedingungen eines neuen, informellen Imperialismus stehen? Zumindest beeinflusst er zweifellos die revolutionären Guerillabewegungen in Korea, Vietnam, Nepal, den Philippinen und Sri Lanka, in zahlreichen afrikanischen Ländern und – vermittelt durch die 1959 siegreiche Revolution in Cuba – auch in lateinamerikanischen Staaten, wie etwa in Gestalt des »Leuchtenden Pfads« in Peru, der Guerillabewegungen in Kolumbien (ELN, FARC) oder der Tupamaros in Uruguay.

Für das »Entstehen, [...] Fortbestehen und der täglichen Weiterentwicklung der roten Macht« sieht Mao vier Bedingungen: *Erstens* das Fortwähren der genannten »Zwistigkeiten und Kriege«. *Zweitens*, dass in den

Stützpunkten vorher schon Strukturen durch die »demokratische Revolution« geschaffen wurden: Gewerkschaften, Bauernvereinigungen und das Bewusstsein der damit verbundenen Kämpfe. *Drittens*, dass »sich die revolutionäre Situation im ganzen Land vorwärtsentwickelt«. Und *viertens*, das »Vorhandensein einer regulären Roten Armee von angemessener Stärke« – örtliche »rote Garden« könnten vielleicht mit den »Hofwehren der Grundherren fertig werden, nicht aber mit regulären weißen Truppen« (Mao 1928a: 70f.). Dementsprechend kreist Maos Denken während der Phase des »zweiten revolutionären Bürgerkriegs« um Fragen des Militärischen. Es geht um die Strategie im Krieg, die zum Erfolg führen kann – um »Bewegungskrieg, Partisanenkrieg und Stellungskrieg« (Mao 1938b: 201-206), das Verhältnis von »Zermürbungskrieg« und »Entscheidungsschlachten« (ebd.: 206-217), »strategische Defensive« versus »strategische Offensive« (Mao 1938a: 112-118), »[i]nitiativreiche, flexible und planmäßige Durchführung von offensiven Aktionen im Rahmen der Defensive«, »äußere und innere Kampflinien« (ebd.: 88), die »Koordination« des Partisanenkriegs mit der »regulären Kriegführung« (ebd.: 98), die »Truppenführung« und »Planung« jenseits von sowohl »absolute[r] Zentralisierung« als auch »absolute[r] Dezentralisierung« (ebd.: 122), die Kunst, »Fehler des Gegners auszunutzen« (Mao 1938b: 210), die »Entwicklung des Partisanenkriegs zum Bewegungskrieg« (Mao 1938a: 118-121), später dann die Schaffung der Einheitsfront bei gleichzeitiger Bewahrung der Unabhängigkeit der verbündeten Armeen von Kommunisten und Kuomintang (Mao 1938c und 1938d) und die »Gefahr der Kapitulation« als Stimmung in der Bevölkerung (Mao 1939f: 347; Mao 1939c).

Die Voraussetzung erfolgreicher Kriegführung ist der Aufbau einer schlagkräftigen Truppe ohne die finanziellen Ressourcen des Steuerstaates. Es geht um das Verhältnis zwischen dem Wunsch nach einer anderen, nichtbürgerlichen, demokratisch-egalitären Armeeführung einerseits und der Wahrung der »Organisationsdisziplin« und »Kampfkraft« andererseits. So gibt es etwa die Forderung nach einem »demokratischen Zentralismus von unten nach oben« und eine zeitweilige Praxis der »absolute[n] Gleichmacherei«, die dazu geführt habe, dass Erwachsenen und Kindern die exakt gleiche Nahrungsration zuzuteilen war oder etwa in Situationen bei bloß einer Bahre für zwei Verletzte »man lieber keinen als nur einen forttrug« (Mao 1929: 122-126). Es geht selbstverständlich um Kriegstaktik, aber eben auch über die Durchführung der Revolution im Kleinen (ebd.: 128). Die roten Stützpunktgebiete stehen und fallen auch mit ihrer inneren Stabilität. Sie haben nach der Niederlage der Revolution mit extremen wirtschaftlichen Herausforderungen zu kämpfen, weil »[i]nfolge der völligen Einkreisung durch die weißen Kräfte [...] Mangel an täglichen Bedarfsartikeln und Bargeld in der Armee« herrscht und »bei der Bevölkerung zu einem äußerst ernsten Problem« wird. Die Rote Armee müsse »kämpfen und sich gleichzeitig Unterhaltsmittel beschaffen« und den Rückhalt in der Bevölkerung sichern (Mao 1928a: 74). Mao befasst sich darum notgedrungen auch mit Fragen der wirtschaftlichen Organisation und Versorgung, der »Produktionstätigkeit der Armee für ihre Selbstversorgung« in den von den Kuomintang militärisch in einem »großangelegten ›Einkreisungs- und Ausrottungsfeldzug‹« (Mao 1934: 174) angegriffenen und mit Wirtschaftsblockade belegten roten Stützpunktgebieten.

Die historische Aufgabe sieht Mao darin, »die breiten Volksmassen für die Teilnahme am revolutionären Krieg zu mobilisieren«. Nur so könne man gewinnen (ebd.: 169). Der Revolutionär müsse sich darum im Volk bewegen, wie der Fisch im Wasser. Dazu müsse man »allen praktischen Fragen des täglichen Lebens« die »Aufmerksamkeit zuwenden«. Wenn es gelänge, »die Probleme der Volksmassen [zu] lösen – Fragen der Bekleidung, Ernährung und Wohnung, das Problem der Versorgung mit

Brennholz, Reis, Speiseöl und Salz, Fragen des Gesundheitsschutzes und Eheprobleme« (ebd.: 170), die »Sorge um Mutter und Kind« (ebd.: 172) –, dann würden die Kommunisten »zu wahren Organisatoren des Lebens der Volksmassen, die Massen werden sich wirklich um uns scharen und uns begeistert unterstützen« (ebd.: 170), werden »die Revolution als die Sache ihres Lebens und als ihr glorreiches Banner betrachten« (ebd.: 172). Kurz, die Massen werden zum Durchlauferhitzer der Revolution, weil die Kommunisten in den befreiten Gebieten die Revolution bereits durchführen und zeigen können – freilich unter Kriegsbedingungen und ohne Staatsmacht –, welche Vorteile der Sozialismus für die breite Bevölkerung mit sich bringen wird. Nur »durch eine gründliche Durchführung der Kampagne zur Überprüfung der Bodenzuteilungen« (ebd.: 155), durch Pachtherabsetzung und »Bodengesetz« könne man »das feudale und halbfeudale System des Grundbesitzes mit der Wurzel ausrotten, die Produktionsaktivität der Bauern entfalten und erreichen, daß die breiten Massen der Bauern rasch in die Front des Wirtschaftsaufbaus einbezogen« und die »Verbesserung der Lebensbedingungen der Arbeitermassen erzielt« werde (Mao 1933: 155).

Die Gegenposition zu Maos Strategie, »in den Partisanengebieten die rote Macht« aufzubauen, argumentiert, man müsse erst »die Massen im ganzen Land gewonnen« haben, um anschließend »in ganz China zum bewaffneten Aufstand zu schreiten« (Mao 1930: 133). Mao sucht einen Mittelweg zwischen einerseits »revolutionärer Fiebrigkeit«, die die »subjektiven Kräfte der Revolution« überschätze und »zum Putschismus« führe, und andererseits der Überschätzung der »Kräfte der Konterrevolution«, die die Möglichkeit der schrittweisen Revolution über die roten Stützpunktgebiete verkenne (ebd.: 135).

Das Militärische ist bei Mao, dessen politische Biografie in Humanismus und anarchistischer Liebe zum Individualismus begann, indes nie Selbstzweck. Die Gewalt ist nicht romantisch, sondern notwendiges, auferzwungenes Mittel für die Befreiung der Bauern von der Grundherrenklasse. Das »Ziel des Krieges«, schreibt Mao 1936, sei »die Abschaffung des Krieges«. Man müsse »den Krieg mit dem Krieg bekämpfen« (Mao 1936a: 213f.). Mao ahnt: »Zweifellos wird Hitler einen Krieg gegen die Großmächte beginnen«, weil der Satz richtig sei: »Faschismus ist Krieg« (ebd.: 173). »Die Menschheit« könne »dem Unheil des Krieges nicht entgehen«. Dennoch nahe der »Ausbruch des ewigen Friedens«. Der Krieg entstehe aus »der allgemeinen Krise des Weltkapitalismus, die im ersten Weltkrieg begonnen« habe. Sie zwinge »die kapitalistischen Länder, den Weg eines neuen Krieges zu beschreiten«.

Aber das Ergebnis sei vorauszusehen: »der Kapitalismus wird keine Rettung finden, sondern einem Zusammenbruch entgegengehen.« Der kommende Weltkrieg werde »größer und härter sein« als der erste Weltkrieg. In ihn würden nun »unvermeidlich alle Nationen hineingerissen werden«; er werde »von sehr langer Dauer sein« und »die Menschheit [...] sehr große Leiden zu ertragen haben«. Mao aber vertraut auf die Dialektik des Krieges. Vorausschauend sieht er hinter dem Horizont des Weltkriegs die dann tatsächlich einsetzende Welle der antikolonialen Revolutionen: »[D]ank der Existenz der Sowjetunion und der wachsenden Bewußtheit der Völker der Welt werden aus diesem Krieg zweifellos große revolutionäre Kriege entstehen, die gegen alle konterrevolutionären Kriege gerichtet sein und so diesem Krieg den Charakter eines Kampfes für den ewigen Frieden verleihen werden [...]. Sobald die Menschheit den Kapitalismus vernichtet hat, wird sie in die Epoche des ewigen Friedens eintreten, in der keine Kriege mehr nötig sein werden. Nicht mehr gebraucht werden dann die Armeen, die Kriegsschiffe, die Militärflugzeuge und das Giftgas [...]. Die bereits begonnen revolutionären Kriege« seien »ein Teil des Krieges für den ewigen Frieden« (Mao 1938b: 173f.).

Tatsächlich wird China – auch wenn die EU-Chefdiplomatin Kaja Kallas davon noch nie etwas gehört haben will

– wesentlicher Faktor in der Niederringung der faschistischen Internationale. Indem es den japanischen Imperialismus bindet und schließlich besiegt, entlastet es auch die Sowjetunion an ihrer Ostflanke und trägt so zu deren Sieg über den deutschen Faschismus bei. Die »450 Millionen Chinesen« machten, so Mao, »ein Viertel der Menschheit aus; wenn es uns gelingt, mit unseren einmütigen Anstrengungen den japanischen Imperialismus zu zerschlagen und ein freies, gleichberechtigtes neues China zu schaffen, so werden wir damit zweifellos einen überaus großen Beitrag zur Sache der Erringung des ewigen Friedens in der ganzen Welt leisten« (ebd.: 175).

Flexibilität der taktischen Allianzen

Mao hat in seiner Analyse der Klassenverhältnisse der chinesischen Gesellschaft von 1926 die Bündniskonstellation für die Revolution in China vorgelegt. Er teilt allerdings die Klassen und Klassenfraktionen nicht statisch in revolutionäre, nicht- und konterrevolutionäre Subjekte ein. Es ist Ausdruck seiner Überlegungen über die Praxis, die Haupt- und Nebenwidersprüche, die wechselnden Dominante/Subdominante-Verhältnisse der Widersprüche, dass für ihn die Revolution immer konkret und situationsabhängig ist. Nicht zuletzt aufgrund der vielen Feinde und Ausbeutungs- und Unterdrückungsverhältnisse, von denen abhängige Formationen gekennzeichnet sind – Feudalismus, Kapitalismus, Imperialismus – erfordere sie strategische Flexibilität und wechselnde Bündnisse, die der jeweiligen anstehenden Aufgabe gerecht werden. Mao kategorisiert die verschiedenen gesellschaftlichen Kräfte gemäß ihrer Empfänglichkeit für die Revolution. Die Kuomintang als Vertreter der nationalen Bourgeoisie hätten die Revolution 1927 verraten. Trotzdem denkt Mao im Dezember 1935 – auch vor dem Hintergrund des Strategiewechsels der Komintern zur Politik der Volksfront – über »die Möglichkeit« nach, dass sich die nationale Bourgeoisie angesichts der Okkupation größerer Teile von China durch den japanischen Imperialismus und dessen immer größeren Expansionsbestrebungen ändert. Mao ist davon überzeugt, dass es einen Unterschied macht, ob das Land einer nationalen Bourgeoisie ein Ursprungs- oder ein Zielland des Imperialismus ist. Darin unterscheide sich etwa »die chinesische Bourgeoisie von der Bourgeoisie des alten zaristischen Rußland. Da das zaristische Rußland ein militärisch-feudaler imperialistischer Staat« gewesen sei, »der anderen gegenüber Aggressionen beging«, habe »die russische Bourgeoisie keinerlei revolutionäre Eigenschaften«

aufgewiesen. Darum sei es dort »die Aufgabe des Proletariats« gewesen, »die Bourgeoisie zu bekämpfen, nicht aber, sich mit ihr zu verbünden«. China hingegen sei »ein koloniales und halbkoloniales Land«, das »unter den von anderen Staaten verübten Aggressionen zu leiden« habe, weshalb »die chinesische nationale Bourgeoisie zu bestimmten Zeiten und in einem bestimmten Grade noch revolutionäre Eigenschaften« besitze (Mao 1940a: 406).

Mao erhofft sich also, dass die nationale Bourgeoisie und mit ihr die Kuomintang ihre Haltung ändern und sich, jetzt da die Halbkolonie China sich »auf dem Weg zur Umwandlung in eine Kolonie« befinde, in einen gemeinsamen Kampf gegen den Imperialismus begeben werden (Mao 1935: 180). Hieraus ergibt sich Maos Orientierung auf die »nationale Einheitsfront«, die konform ist mit den Erwartungen der Sowjetunion und der Dritten Internationale. Zweifellos muss er Überzeugungsarbeit leisten, warum nun, aus der Position der militärischen und politischen Schwäche, die Zusammenarbeit ausgerechnet mit denjenigen Kräften gesucht werden soll, die die Kommunisten im Bürgerkrieg ausrotten wollten, während sie den japanischen Imperialismus gewähren ließen. Dabei schreibt er gegen die marxistisch-orthodoxen »Dogmatiker« an, die glauben würden: »Die Kräfte der Revolution müssen sauber, absolut sauber, der Weg der Revolution muß gerade, absolut gerade sein. Richtig ist nur das, was in der Heiligen Schrift steht. Die nationale Bourgeoisie ist ein für allemal und durch und durch konterrevolutionär. Den Großbauern dürfen nicht die geringsten Zugeständnisse gemacht werden. Gegen die gelben Gewerkschaften gilt nur der Kampf auf Leben und Tod«. Dies sei der »revolutionäre Geist der Intellektuellen« und er reiche »nur für drei Tage«, weshalb »ihre Anwerbung [...] gefährlich« sei. »Einheitsfront oder die Politik der verschlossenen Tür? Welches von beiden entspricht denn dem Marxismus-Leninismus? Ich antworte mit aller Entschiedenheit: die Einheitsfront [...]. Der Marxismus Leninismus« kämpfe »gegen die Kinderkrankheiten in den Reihen der Revolutionäre« (ebd.: 191f.).

Ende 1936 erklärt sich Chiang Kai-shek angesichts des vorrückenden japanischen Imperialismus schließlich zur Einheitsfront bereit und nimmt folgende Bedingungen der Kommunisten an: »1. Die Kuomintang und die Nationalregierung sind zu reorganisieren, die projapanische Gruppe ist zu verjagen und antijapanische Vertreter sind aufzunehmen, 2. die patriotischen Führer in Schanghai und alle anderen politischen Häftlinge sind freizulassen, das Recht auf Freiheit für das Volk ist zu garantieren; 3. mit der Politik der ›Kommunistenausrottung‹ ist Schluß zu machen, und ein Bündnis mit der Roten Armee gegen die japanische Aggression ist zu schließen; 4. es ist eine Konferenz zur Rettung des Vaterlandes einzuberufen, an der Vertreter aller Parteien und Gruppen, aller Bevölkerungskreise und aller Armeen teilnehmen werden und die die Richtlinien für den Widerstand gegen die japanische Aggression zur Rettung des Vaterlandes festlegen soll; 5. mit jenen Staaten, die mit dem Widerstand Chinas gegen die japanische Aggression sympathisieren, sind Beziehungen der Zusammenarbeit aufzunehmen; 6. Andere konkrete Maßnahmen zur Rettung des Vaterlands sind festzulegen« (Mao 1936b: 300).

Im Kontext der Einheitsfront im antijapanischen Widerstandskrieg wirft Mao auch die Frage des Verhältnisses von Patriotismus und Internationalismus auf: Könne »ein Kommunist als Internationalist gleichzeitig auch ein Patriot sein?«. Mao beantwortet die Frage mit »Ja«, er könne nicht nur, er müsse sogar. Es gehe um den »konkrete[n] Inhalt des Patriotismus«. Dieser werde durch »die historischen Bedingungen bestimmt.« Es gebe »einen ›Patriotismus‹ der japanischen Aggressoren und Hitlers, und es gibt unseren Patriotismus«. Den »sogenannten ›Patriotismus‹« der Faschisten müssten »die Kommunisten entschieden bekämpfen«. Die »japanischen und die deutschen Kommunisten«, argumentiert Mao mit Bezug auf Lenins Konzept des »revolutionären Defätismus«, seien »hinsichtlich der Kriege, die ihre Ländern führen, Defätisten.« Die Völker Japans und Deutschland hätten ein »Interesse« daran, »mit allen Mitteln darauf hinzuwirken, daß der Krieg der japanischen Aggressoren und Hitlers mit einer Niederlage« ende. Deren Krieg schade »nicht nur den Bevölkerungen in den überfallenen Ländern, sondern auch den eigenen Bevölkerungen«; China hingegen befände sich »in einer anderen Lage, denn es ist Opfer einer Aggression.« Deshalb müssten »die chinesischen Kommunisten den Patriotismus mit dem Internationalismus verbinden«, denn »nur durch den Kampf zur Verteidigung des Vaterlands« könnten »die Aggressoren besieg[t] und die nationale Befreiung erreich[t]« werden. »Und nur wenn die Nation befreit ist, kann die Befreiung des Proletariats [...] herbeigeführt werden«. Die »Rolle« der Kommunisten im »nationalen Krieg« sei die von »Vorhut« und »Vorbild« (Mao 1938c: 230f.). Herrsche im Volk Defätismus, müssten die Kommunisten vorangehen.

Zugleich betont Mao die Notwendigkeit der Eigenständigkeit der Kommunisten, ja »aller in der Einheitsfront zusammengefaßten Parteien und Gruppen auf ideologischem, politischem und organisatorischem Gebiet« (ebd.: 235), denn dies sei im Interesse sowohl der Kommunisten als auch der Kuomintang. Tatsächlich sei die Wahrung der Unabhängigkeit und Selbständigkeit die Voraussetzung für die Langlebigkeit der Einheitsfront gegen den äußeren Feind: »Andernfalls« werde »die Zusammenarbeit zu einem Konglomerat, und die Einheitsfront« werde »unvermeidlich geopfert« (Mao 1938d: 251). Das Verhältnis von »Klassenkampf und nationalem Kampf« zeichne sich dadurch aus, daß »im Widerstandskrieg [...] alles den Interessen des Krieges untergeordnet« sein müsse, auch die »des Klassenkampfes«. Doch sei die »Existenz der Klassen und des Klassenkampfes [...] eine Tatsache«, weshalb das temporäre Bündnis die »Wechselbeziehungen zwischen den Klassen« so reguliere, »daß einerseits die breiten Massen der Werktätigen in politischer und materieller Hinsicht nicht schutzlos« seien, aber »andererseits auch die Interessen der Reichen Berücksichtigung« fänden. Man müsse »das Ganze im Auge behalten« (Mao 1938c: 236).

Die »Einheitsfront« von Proletariat, nationaler Bourgeoisie und »anderen Klassen« habe sich seit der Parteigründung in »drei verschiedenen Stadien entwickelt«: »das Stadium der Ersten Großen Revolution von 1924-1927, das Stadium des Agrarrevolutionären Krieges von 1927-1937 und das gegenwärtige Stadium des Widerstandskriegs gegen die japanische Aggression« (Mao 1939e: 335). Nach ihrem Sieg folge das Stadium des

Bürgerkriegs für die Revolution der Arbeiter und Bauern und nach deren Sieg das Stadium der Neuen Demokratie. Auf dieses folge das Stadium des Aufbaus des Sozialismus, der mit der Bodenreform beginnt, die das Land an die kleinen und Mittelbauern verteilt, und allmählich in den Prozess der Sozialisierung der Industrie und der Kollektivierung der Landwirtschaft übergeht. Die Geschichte der ersten drei Stadien habe »folgende Gesetzmäßigkeiten bestätigt: 1. Dadurch, daß die stärkste Unterdrückung in China seine nationale Unterdrückung« sei, könne »die chinesische nationale Bourgeoisie in bestimmten Perioden« Bündnispartner sein. 2. Infolge »ihrer ökonomischen und politischen Schwäche« werde »die nationale Bourgeoisie unter anderen historischen Umständen schwankend werden und Verrat üben. Aus diesem Grund« könne »die Zusammensetzung der Einheitsfront [...] nicht stets dieselbe bleiben, sondern« werde »Änderungen unterworfen sein [...]. 3. Die chinesische Großbourgeoisie, die Kompradorencharakter besitzt, ist eine direkt dem Imperialismus dienende und von ihm ausgehaltene Klasse. Folglich« habe sich »die Revolution von jeher gegen die Kompradoren-Großbourgeoisie« gerichtet. Die »verschiedenen Cliquen innerhalb dieser Klasse« hätten »aber verschiedene imperialistische Mächte als Rückhalt, so daß, wenn sich die Widersprüche zwischen den verschiedenen imperialistischen Mächten verschärfen und die Spitze der Revolution hauptsächlich gegen eine gewisse imperialistische Macht gerichtet« sei, »diejenigen Cliquen der Großbourgeoisie, die von anderen imperialistischen Mächten abhängig« seien, »in bestimmtem Grade und in bestimmten Perioden auch am Kampf gegen jene gewisse imperialistische Macht teilnehmen« könnten. Aber auch wenn, »4. [...] die Kompradoren-Großbourgeoisie der Einheitsfront« beitrete und »zusammen mit dem Proletariat den Kampf gegen den gemeinsamen Feind« führe, bleibe »sie weiterhin sehr reaktionär«, versuche den Aufbau der proletarischen und bäuerlichen Volksbewegung zu verhindern. »5. Der feste Verbündete des Proletariats« sei »die Bauernschaft« und »[a]uch das städtische Kleinbürgertum« sei »ein zuverlässiger Verbündeter.« Die »Richtigkeit dieser Gesetzmäßigkeiten« seien »nicht nur während der Ersten Großen Revolution und der Agrarrevolution bewiesen« worden, sie hätten sich »auch im gegenwärtigen Widerstandskrieg« gegen Japan bewiesen. Die »Partei des Proletariats« müsse darum »in der Frage der [...] Einheitsfront mit der Bourgeoisie [...] einen entschiedenen und ernsthaften Kampf an zwei Fronten führen.« Einerseits müsse »man den Fehler bekämpfen, der in der Nichtbeachtung der Möglichkeit« liege, »daß sich die Bourgeoisie in bestimmten Perioden und in bestimmtem Grade am revolutionären Kampf beteiligen« könne. »Diesen Fehler begehen« hieße »die chinesische Bourgeoisie der Bourgeoisie kapitalistischer Länder gleichsetzen« und den Fehler der »›linke[n]‹ Politik der verschlossenen Tür« begehen. Andererseits müsse »man den Fehler bekämpfen, das Programm des Proletariats, seine Politik, Ideologie, Praxis usw. denen der Bourgeoisie gleichzusetzen und die prinzipiellen Unterschiede zwischen ihnen zu übersehen. Diesen Fehler begehen« hieße »die Tatsache übersehen, daß die Bourgeoisie (insbesondere die Großbourgeoisie) die größten Anstrengungen« mache, »um nicht nur auf das Kleinbürgertum und die Bauernschaft, sondern auch auf das Proletariat und die Kommunistische Partei ihren Einfluß auszuüben«, diese »zu vernichten« und »zum Anhängsel der Bourgeoisie und ihrer Partei umzuwandeln und die Errungenschaften der Revolution zu Errungenschaften ihrer Clique oder Partei zu machen; das heißt ferner die Tatsache übersehen, daß die Bourgeoisie (insbesondere die Großbourgeoisie) die Revolution in dem Augenblick verraten« werde, »da die Revolution mit den eigensüchtigen Interessen ihrer Clique oder Partei in Konflikt gerät. Diese Seite übersehen wäre Rechtsopportunismus.« Dabei sei es dieser Rechtsopportunismus von Tschen Du-hsiu gewesen, der als »die subjektive Ursache der Niederlage der Ersten Großen Revolution« anzusehen sei. Die Linie der Kommunisten sei »die Politik sowohl des Bündnisses mit der Bourgeoisie als auch ihrer Bekämpfung« (ebd.: 336f.).

Mao schreibt in dieser Weise eine Programmatik für die aus dem antiimperialistischen Befreiungskampf erwachsende proletarisch-bäuerliche Revolution. Er tut dies unter den Bedingungen der Existenz einer »nationalen Bourgeoisie«, die sich wesentlich von der »Kompradoren-Bourgeoisie« unterscheidet. Es wird die Internationalisierung des Kapitals sein, die mit den »multinationalen Konzernen« eine »innere Bourgeoisie« schafft, wie Nicos Poulantzas es nennen wird, die die Frage des Bündnisses mit nationalen Bourgeoisien als einem Schritt zur Revolution grundsätzlich infrage stellen wird (vgl. hierzu Band 14 und 33 der *Edition Marxismen*).

Über die neue Demokratie

Mao plädiert im Grunde für eine bürgerlich-demokratische Revolution, die aber nicht unter der Führung der Bourgeoisie, sondern des Proletariats und der revolutionären Bauern stattfindet. Er skizziert seine Stufenpolitik so: »Was ist das Ziel der Revolution? Der Sturz des Imperialismus und des Feudalismus sowie die Errichtung einer volksdemokratischen Republik«, gegründet auf Sun Yat-sens »revolutionären Drei-Volksprinzipien«. Diese Republik unterscheide sich »von dem gegenwärtigen, halbkolonialen, halbfeudalen Zustand sowie auch vom künftigen sozialistischen System«. In Letzterem würden »die Kapitalisten keinen Platz« haben; »in der volksdemokratischen Ordnung dagegen« müsse »die Existenz von Kapitalisten noch zugelassen werden.« (Mao 1939b: 281). Die chinesische Revolution sei ein »Teil der Weltrevolution« des Proletariats für den Sozialismus (Mao 1940a: 399); nur im »gegenwärtigen Stadium« habe man »nicht den Sozialismus zu verwirklichen, sondern den Imperialismus und den Feudalismus zu vernichten, den gegenwärtigen halbkolonialen, halbfeudalen Zustand Chinas zu verändern und eine volksdemokratische Ordnung zu schaffen« (Mao 1939b: 281). In einer zweiten Phase sei dann »die Revolution voranzutreiben und eine sozialistische Gesellschaft zu errichten« (Mao 1940a: 399).

Für Mao vollzieht sich die chinesische Revolution also in zwei Phasen. In der ersten befreit sie sich vom (formellen) Imperialismus, in der zweiten soll dann der Aufbau des Sozialismus erfolgen. Die politische Form der ersten Phase der Revolution ist das, was er »die neue Demokratie« nennt (ebd.: 395). Maos Schrift *Über die neue Demokratie*, vollendet im Januar 1940, ist ein Schlüsseltext in seinem Werk. Es weist angesichts der immensen Bedeutung der Chinesischen Revolution für die Entwicklung der antiimperialistischen Befreiungsbewegungen in den Entwicklungsländern eine lange Rezeptionsgeschichte auf. Für viele Bewegungen im heutigen »globalen Süden« wird der Text zur Blaupause. Auch der westliche, der französische Maoismus, der – jenseits schematischer Basis-Überbau-Modelle – die »relative Autonomie« von Politik, Ideologie, Kultur behaupten wollte, so wie dies die Schule von Althusser, Etienne Balibar und Nicos Poulantzas tut, findet nicht zuletzt hier seine Inspiration. Maos Betonung der Kultur beflügelt eine ganze Generation von »antiautoritären«, »neuen Linken« mit ihrer Sehnsucht nach dem »neuen Menschen« und ihrer »Kulturkritik« am Kapitalismus (Boltanski u. Chiapello 2003). Die Kulturrevolution wiederum nährt Sehnsüchte, China sei der Revolution treu geblieben, die der »Sozialchauvinismus« der Arbeiterbewegung im Westen und die bürokratisch deformierte, »revisionistische« Sowjetunion verraten habe. Mao schreibt: Die »neue Gesellschaft«, die die Revolution errichte, werde »nicht nur die Politik und die Wirtschaft neu« gestalten, sondern es werde »auch aus dem wegen seiner Beherrschung durch die alte Kultur unwissenden und rückständigen China ein Land machen, in dem eine neue Kultur herrscht und das daher aufgeklärt und fortschrittlich ist« (Mao 1940a: 396). Es gehe um die Abschaffung der »koloniale[n], halbkoloniale[n] und halbfeudale[n] alte[n] Politik und alte[n] Wirtschaft sowie [der] ihnen dienende[n] alte[n] Kultur« (ebd.: 398). Eine »bestimmte Kultur (als Ideologie betrachtet)« sei »die Widerspiegelung der Politik und Wirtschaft einer bestimmten Gesellschaft«, die Kultur aber übe »wiederum [...] eine gewaltige Einwirkung auf die Politik und Wirtschaft der gegebenen Gesellschaft aus«. Die Wirtschaft sei »die Basis, die Politik aber [...] der konzentrierte Ausdruck der Ökonomik«. Daraus folge, »daß zunächst eine gegebene politische und ökonomische Form bestimmend ist für die jeweilige Form der Kultur und dann erst wiederum die letztere auf die politische und ökonomische Form [...] zurückwirkt« (ebd.: 396f.). Es ist aus diesen Passagen, dass sich letztlich Althussers Formel von der Ökonomie herleitet, die »in der letzten Instanz« bestimmend sei – seine Theorie der Determinierung und Überdeterminierung.

Mao argumentiert, dass die erste Phase, die der »demokratischen Revolution«, eine Demokratie schaffe, »die nicht mehr zur alten Kategorie« zu rechnen sei, sondern eine »neue Demokratie« hervorbringe. Die »neue Politik der chinesischen Nation« sei eine »Politik der Neuen Demokratie, [...] ihre neue Wirtschaft eine Wirtschaft der Neuen Demokratie und ihre neue Kultur einer Kultur der Neuen Demokratie« (ebd.: 398). Aber was ist darunter zu verstehen? Die demokratische Revolution, deren Zweck es ist, China vom Status der Kolonie, Halbkolonie und des Halbfeudalismus zu befreien, sei ein längerer Prozess, der schon mit dem »Opiumkrieg von 1840« begonnen habe, richtig aber erst mit der Revolution von 1911 einsetzt. Diese sei »ihrem gesellschaftlichen Charakter nach eine bürgerlich-demokratische Revolution und keine proletarisch-sozialistische« gewesen. Diese Revolution sei, dies habe auch Sun Yat-sen so gesehen, in China nicht beendet. Die Weltgeschichte habe dann jedoch für eine »historische Besonderheit der chinesischen Revolution« gesorgt. Im Ergebnis des »ersten imperialistischen Weltkrieg[s] und der Oktoberrevolution«, als »auf einem Sechstel des Erdballs ein sozialistischer Staat gegründet« wurde, sei die chinesische Revolution zu einem »Teil der Weltrevolution« geworden. Vorher habe die »bürgerlich-demokratische Revolution in China zur alten Kategorie bürgerlich-demokratischer Revolutionen in der Welt gehört«, sei »ein Bestandteil der alten bürgerlich-demokratischen Weltrevolution« gewesen. Mit der neuen Situation der Konfrontation von bürgerlich-kapitalistischer und proletarisch-sozialistischer Welt – Mao spricht vom Zusammenbruch der »Weltfront des Kapitalismus« – jedoch sei sie »unter dem Gesichtswinkel«

dieser neuen »revolutionären Frontlinie« zu sehen und »nunmehr ein Bestandteil der proletarisch-sozialistischen Weltrevolution (ebd.: 399f.). Der Kapitalismus könne, so Mao, nicht existieren ohne die Ausbeutung der Kolonien und Halbkolonien. Die Sowjetunion aber sei nun ein »sozialistischer Staat [...], der seine Bereitwilligkeit verkündet« habe, »einen Kampf zu führen, um die Befreiungsbewegungen aller Kolonien und Halbkolonien zu unterstützen«. Zugleich befreie sich »das Proletariat der kapitalistischen Länder [...] mit jedem Tag mehr von dem Einfluß der sozialimperialistischen Sozialdemokratie« und bekunde, als kommunistische Weltbewegung in der Dritten Internationale, »seine Unterstützung der Befreiungsbewegung in den kolonialen und halbkolonialen Ländern«. Daraus ergebe sich der Hauptwiderspruch zwischen imperialistischem Kapitalismus und antiimperialistischem Sozialismus und drücke jeder nationalen Befreiungsbewegung, jeder »Revolution gegen den Imperialismus« ihren Stempel auf. Denn sie wird, ob sie will oder nicht, zum »Bestandteil der sozialistischen Weltrevolution des Proletariats«, schmiede faktisch ein Band zwischen den ausgebeuteten Klassen und den unterdrückten Völkern der Welt. Die Staaten im Zentrum des kapitalistischen Weltsystems könnten seit dem Übergang zum Imperialismus »nationale Befreiungsbewegungen«, die eine »demokratische Revolution« anstreben, nicht mehr als Bundesgenossen akzeptieren, sondern müssten sie zwangsläufig als gegen sich, das heißt gegen ihre Kapitalinteressen, gerichtet sehen und bekämpfen. Damit aber müsse jede nationale Befreiungsbewegung sozialistisch sein, werde sie – wie Cuba 1959 – mitunter gegen ihre Intention in die Arme der proletarischen Weltrevolution gedrängt. Die »revolutionären Kolonial- und Halbkolonialländer« seien in Bundesgenossen der revolutionären Weltfront des Sozialismus verwandelt« (ebd.: 401).

Mao entwickelt so Ansätze für eine allgemeine Theorie der Befreiung der vom Imperialismus – durch direkte Kolonialherrschaft oder informellen Freihandels- und Schuldenimperialismus – in Unterentwicklung gehaltenen Länder: »In ihrem ersten Stadium, ihrer ersten Phase«, sei die antiimperialistische Befreiungsrevolution »dem gesellschaftlichen Charakter nach im wesentlichen immer noch eine bürgerlich-demokratische, und ihre objektive Forderung« gelte der »Wegbereitung für eine Entwicklung des Kapitalismus«; doch es handele sich nicht mehr um »eine Revolution von altem Typus«, die mit der Errichtung einer »Diktatur der Bourgeoisie« ende, sondern um »eine Revolution mit einem neuen Typus«, die, weil nicht mehr von der Bourgeoisie, sondern vom Proletariat geführt, in die »Errichtung einer neudemokratischen

Gesellschaft« mit dem Ziel des »Aufbau[s] eines Staates der gemeinsamen Diktatur der revolutionären Klassen« münde. Das sei wiederum die Voraussetzung für ihr Weitertreiben zum Sozialismus. Denn insofern »eine solche Revolution den Imperialismus unmittelbar an der Wurzel« packe, könne dieser »sie nicht dulden, sondern er bekämpft sie«. Umgekehrt sei eine solche Revolution »[d]em Sozialismus [...] willkommen« und erhalte die Unterstützung aus dem sozialistischen Lager, vom internationalen Proletariat. Aus diesem Grund müsse »eine solche Revolution unbedingt Bestandteil der sozialistischen Weltrevolution werden« (ebd.).

Mao entwickelt, auch im Anschluss an Stalin, ein Dreisäulenmodell der Gegenmacht zum Kapitalismus als imperialistisches Weltsystem. Die *erste Säule* der Weltrevolution und des Antikapitalismus ist für Mao die Stärke der revolutionären Arbeiterbewegungen im Westen. Die sozialdemokratische Arbeiterbewegung gilt ihm – hierbei Lenin, Trotzki und den Bolschewiki folgend – als »sozialchauvinistisch«, weil sie sich mit ihrem bürgerlichen Staat gemein macht und von seinem Imperialismus profitiert. Die *zweite Säule* ist die Union der Sozialistischen Sowjetrepubliken als dem Vielvölkerstaat der Erde, in dem zum ersten Mal die proletarische Revolution gelungen ist und dessen Existenz damit als Staat gewordener proletarischer

Pol im Klassengegensatz zu begreifen ist. Die *dritte Säule* schließlich bilden die antiimperialistischen Befreiungsbewegungen, die unterstützt von der Sowjetunion und der kommunistisch-revolutionären Arbeiterbewegung im Westen, sich vom Imperialismus befreien wollen.

Die »Republik der Neuen Demokratie«, die aus der Revolution hervorgehen werde, sei die »Republik der gemeinsamen Diktatur aller gegen den Imperialismus und den Feudalismus kämpfenden Menschen unter Führung des Proletariats«. Sie unterscheide sich sowohl von den »unter der Diktatur der Bourgeoisie stehenden kapitalistischen Republiken des alten, europäisch-amerikanischen Typs« als auch von »einer unter der Diktatur des Proletariats stehenden sozialistischen Republik [...], wie sie bereits in der Sowjetunion zur Blüte gelangt« sei und »in allen kapitalistischen Ländern errichtet werden wird, wie sie zweifellos einmal die dominierende strukturelle Form des Staates und der politischen Macht in allen industriell fortgeschrittenen Ländern sein« werde, »jedoch für eine bestimmte Geschichtsperiode in den kolonialen und halbkolonialen Ländern nicht angemessen« sei. Eben darum müssten »die Revolutionen in allen kolonialen und halbkolonialen Ländern für diese Geschichtsperiode eine dritte Staatsform« als eine unumgängliche »Übergangsform« wählen, »nämlich die besagte Republik der Neuen Demokratie« (ebd.: 408). Deren Form entspreche einem demokratischen Zentralismus auf nationaler Ebene: »Wenn jedoch dem Platz jeder revolutionären Klasse im Staat, der Äußerung des Volkswillens, der Leitung des revolutionären Kampfes und dem Geist der Neuen Demokratie entsprochen werden« solle, dann müsse »ein System des wirklich allgemeinen und gleichen Wahlrechts ohne Unterschied des Geschlechts, des Glaubens, der Vermögenslage und des Bildungsstands usw. eingeführt werden.« Nur wenn es eine auf einen solchen »demokratischen Zentralismus begründete Regierung« gebe, könne »sich der Wille des gesamten revolutionären Volkes voll und ganz durchsetzen« und könnten »auch die Feinde der Revolution am wirksamsten bekämpft werden.«

Aber was ist die wirtschaftliche Grundlage der Neuen Demokratie? Sie müsse auf »Staatseigentum« der »großen Banken« und »großen Industrie- und Handelsunternehmungen« beruhen. Darüber hinaus aber werde die Republik der Neuen Demokratie aufgrund der »außerordentlich rückständig[en]« Lage Chinas, das »übrige kapitalistische Privateigentum nicht beschlagnahmen« und »auch eine Entwicklung der kapitalistischen Produktionsweise nicht untersagen« (ebd.: 412). Die Einkommensbesteuerung wiederum sei progressiv zu gestalten,

»nach der Höhe des Einkommens festzulegen« (Mao 1940c: 527). Hinsichtlich der Arbeitsbedingungen gelte: Man müsse die »Lebensbedingungen der Arbeiter verbessern«, aber müsse sich »vor linken Überspitzungen streng hüten«, dürfe im Kriegsfall gegen Japan »keine übertriebenen Lohnerhöhungen und Arbeitszeitverkürzungen vornehmen«, denn »[u]nter den gegenwärtigen Verhältnissen in China« sei es »noch schwer, überall den Achtstundentag einzuführen«. In manchen Branchen müsse »noch ein Zehnstundentag gestattet sein« (ebd.: 526). Ähnlich werde die Republik »notwendige Maßnahmen ergreifen, um den grundherrlichen Boden [...] unter die landlosen und landarmen Bauern aufzuteilen [...], die feudalen Beziehungen im Dorf zu liquidieren«, aber es werde »im allgemeinen noch keine sozialistische Landwirtschaft errichtet«, wenngleich »die verschiedenen Arten von genossenschaftlichen Wirtschaften«, die sich gemäß Sun Yat-sens Diktum »Jedem Pflüger sein Feld!« organisierten, schon »sozialistische Elemente« aufwiesen. Kurz: »Regulierung des Kapitals« und »Ausgleich der Bodenrechte« seien die wirtschaftlichen Schritte, damit die Neue Demokratie nicht zum »Privatbesitz einer kleinen Minderheit« werde (Mao 1940a: 412f.).

Die Neue Demokratie erfordere die »Zurückweisung der ›linken‹ Phrasendrescherei« und der »Theorie der einmaligen Revolution«. Diese missverstehe, dass die Revolution ihre »zwei Phasen durchlaufen« müsse und nicht sofort zum Sozialismus übergehen könne. »Wir sind«, schreibt Mao, »keine Utopisten« (ebd.: 418).

Parteiaufbau, Organisationsprinzip und Intellektuelle

Mao sieht das Proletariat als die tragende Säule der Neuen Demokratie. Seine Organisationsform ist die Kommunistische Partei. Aber was für eine Partei wird im Kampf gebraucht und wie wird sie aufgebaut? Das Ziel der Kommunisten sei der »Aufbau einer bolschewisierten Kommunistischen Partei Chinas, die im gesamtstaatlichen Maßstab wirkt, Massencharakter trägt und ideologisch, politisch und organisatorisch vollkommen gefestigt ist« (Mao 1939e: 331).

»Will man eine große Revolution führen, muß man eine große Partei haben, muß man erstklassige Kader besitzen«. Die Revolution könne nicht »von einem abgekapselten Grüppchen geführt« werden. Das Ziel müsse sein, »zielbewußt Zehntausende Funktionäre« heranzubilden und »Hunderte erstklassige Führer der Massen«. Großes Augenmerk lenkt Mao darum auf die Kaderausbildung und ihre Verbindung zu den Massen. In ihrer

Anfangsphase habe die Partei »eine überaus große Zahl neuer Mitglieder« bekommen, »ihnen aber nicht die notwendige marxistisch-leninistische Schulung« erteilt. »Erfahrungen in der Arbeit« seien nicht systematisiert worden. Eine »große Anzahl von Karrieristen« habe sich »eingeschlichen« gehabt, »aber sie wurden nicht hinausgesäubert« (ebd.: 339f.). Man habe die Losung missachtet: »Die Reihen der Partei kühn erweitern, aber kein einziges schlechtes Element in sie eindringen lassen!« (ebd.: 342). Dann wiederum seien »Aktivisten« hervorgetreten, aber man habe es versäumt, sie »beizeiten zur Hauptstütze der Partei« zu machen (ebd.: 340). Die Gründung der Zeitschrift *Kommunist* diene der Schulung der »zahlreichen neuen Parteimitglieder« und der von ihnen »gebildete[n] neue[n] Parteiorganisationen«, von denen aber noch nicht behauptet werden könne, »daß sie Massencharakter tragen, daß sie ideologisch, politisch und organisatorisch gefestigt und bolschewisiert« seien. Sie dient aber auch »der Hebung des Niveaus der alten Parteimitglieder« in einer Situation, die neue Aufgaben stelle (ebd.: 332).

Das Organisationsprinzip der Partei ist der »demokratische Zentralismus«. Er entscheide die »Frage der innerparteilichen Demokratie«. Das Moment des Zentralistischen sei notgedrungen in der »Periode der Reaktion und des Bürgerkriegs [...] etwas stärker« ausgeprägt gewesen.

Aber jetzt müsse »sich der Zentralismus eng mit der Demokratie verbinden«. Die Vielheit in der Diskussion und das Prinzip von Kritik und Selbstkritik seien das Lebenselixier der Partei, das ihre Dynamik, ihre Wirklichkeitsanbindung gewährleiste, ihr Abdriften in Sektierertum und Dogmatismus einerseits und Opportunismus andererseits abwende. Die Einheit in der Aktion mit der entsprechenden Parteidisziplin einmal beschlossener Programmatik sei die Voraussetzung, dass die Partei strategisch handlungsfähig ist, vom bürgerlichen Feind nicht destruiert werden kann. Man müsse, schreibt Mao, »durch Verwirklichung der Demokratie die Aktivität der gesamten Partei entwickeln«. Die Klärung von Fragen in offener Debatte beseitige »die Meinungsverschiedenheiten«, Geschlossenheit und die Einheit in der Aktion seien die Voraussetzung für die »Einheit der ganzen Klasse und der ganzen Nation« und nur durch sie könne »der Feind besiegt«, könnten die »Aufgaben der nationalen und demokratischen Revolution erfüllt werden« (Mao 1937b: 343f.).

Mao ist im Westen heute berüchtigt als Urheber der Kulturrevolution, die die Unterschiede zwischen den Klassen einebnen soll. Sie erscheint als gegen die Klasse der Intellektuellen gerichtet. In Europa selbst gingen, durch sie inspiriert, Zehntausende »Berufsrevolutionäre« freiwillig in die Produktion. Diesem Bild Maos widerspricht jedoch, dass er zwar einerseits die KP als die politische Organisationsform des Proletariats sieht, dass Intellektuelle in seiner Revolutionstheorie aber eine zentrale Rolle spielen und er vor der in der Partei verbreiteten Intellektuellenfeindlichkeit warnt.

Die Intellektuellen würden sicherlich ohne den »Zusammenschluß mit den Arbeiter- und Bauernmassen [...] nichts zustande bringen können«. Die »Trennungslinie zwischen einem revolutionären Intellektuellen und einem nichtrevolutionären oder konterrevolutionären Intellektuellen« verlaufe entlang der Frage, »ob einer willens ist, sich mit den Massen der Arbeiter und Bauern zu verbinden, und ob er das auch tatsächlich« tue, schreibt Mao anlässlich des 20. Jahrestags der von Studenten getragenen Bewegung vom Vierten Mai, der er selbst angehörte (Mao 1939a: 275-277). Die KP müsse jedoch »für die Schaffung des neuen China [...] die Intellektuellen heranziehen.« Mao sieht es mit Skepsis, dass »viele Funktionäre der Armee« immer noch »die Bedeutung der Intellektuellen [ignorierten]«, sie »mit Argwohn« betrachten würden, und kritisiert, dass »[v]iele örtliche Parteiorganisationen« Intellektuelle nicht »in die Partei aufnehmen«. Dies sei zurückzuführen auf ein »mangelnde[s] Verständnis für die wichtige Rolle« der Intellektuellen in der Revolution, »den Unterschied zwischen den Intellektuellen der kolonialen sowie halbkolonialen Länder« und denen »der kapitalistischen Länder« sowie »den Unterschied zwischen den Intellektuellen, die in den Diensten der Grundherrenklasse und der Bourgeoisie stehen, und den Intellektuellen, die der Arbeiterklasse und der Bauernschaft dienen« (Mao 1939g: 349f.).

Die KP sei eine Partei des Proletariats im Bündnis mit den Klein- und Mittelbauern. Aber es gebe eine Funktion für die Intelligenz. Mao sieht im Verhältnis von Klasse und Intelligenz eine Doppelbewegung: Einerseits müsse die Intelligenz an die Partei und Armee herangezogen werden. Die Arbeiter- und Bauernbewegung müsse die Intellektuellen »politisch erziehen und ihnen helfen, sich im Krieg und in ihrer Arbeit zu stählen, damit sie der Armee, den Machtorganen und den Volksmassen dienen«. Andererseits müsse man »die aus den Reihen der Arbeiter und Bauern hervorgegangenen Funktionäre auf wirksame Weise dazu ermuntern, intensiv zu lernen«, müsse »ihr kulturelles Niveau heben, damit die Funktionäre aus den Reihen der Arbeiter und Bauern zugleich Intellektuelle und die Intellektuellen zugleich Arbeiter und Bauern sein können«. Die Partei müsse »begreifen, daß eine richtige Politik gegenüber der Intelligenz eine der wichtigen Voraussetzungen für den Sieg der Revolution« sei. Die »Schaffung der eigenen Intelligenz des Proletariats« sei auf »die Hilfe der in der Gesellschaft bereits vorhandenen Intellektuellen« angewiesen (ebd.: 350f.).

Kunst und Kultur bei Mao

Maos Überlegungen zur Neuen Demokratie beginnen mit Überlegungen zu einer neuen Kultur. Sie spielt, wie auch der Begriff der Kulturrevolution suggeriert, eine wesentliche Rolle. Ihr Thema ist die Frage: Wie revolutioniert man den Überbau, das, was sich offensichtlich nicht von selbst modernisiert und demokratisiert? Wie sieht die neue Kultur aus?

Mao schreibt: Insofern eine »gegebene Kultur [...] die ideologische Widerspiegelung der Politik und Wirtschaft der betreffenden Gesellschaft« sei, sei Chinas Kultur eben auch von Imperialismus, Feudalismus und Kapitalismus gekennzeichnet. Als Altlast der Kultur des Feudalismus sieht Mao jene »Vertreter [...], die den Kult um Konfuzius [...] befürworten« und gegen »die neuen Ideen« aufträten. Imperialistische und feudale Kultur seien »sehr einträchtige Brüder«. Sie hätten »ein reaktionäres Bündnis geschlossen« und müssten »hinweggefegt werden«. Denn »[o]hne Niederreißen« gebe es »keinen Aufbau, ohne Eindämmen kein Fließen, ohne Stillstand keine Bewegung«. Was die »neue Kultur«

betreffe, so sei sie »eine ideologische Widerspiegelung der neuen Politik und Wirtschaft, denen sie dient« (Mao 1940a: 431f.).

Aus Maos Überlegungen geht seine Wertschätzung der Kulturarbeit, der Rolle der Künstler und Intellektuellen im Kampf zwischen alter und neuer Kultur hervor. Ein Kampf, den für Mao der 4. Mai 1919 ausdrückt, in dem er einen »Kampf zwischen der neuen Kultur der Bourgeoisie und der alten Kultur der Feudalklasse« erkennt »zwischen dem modernen Schulsystem und dem System der kaiserlichen Examen«, zwischen »neuen und alten, westlichen und chinesisch-traditionellen Lehren« – wozu während der Revolution von 1911 sogar die Überlegungen gehörte, das chinesische Schriftzeichensystem durch lateinische Buchstaben zu ersetzen (ebd.: 433). In der »Kulturrevolution« von 1919 sei der »Zusammenhang zwischen der chinesischen Revolution und der Weltrevolution ganz offenkundig« geworden: »eine heroische Offensive gegen die imperialistische und die feudale Kultur. Auf allen Gebieten der Gesellschaftswissenschaften sowie der Literatur und Kunst – in der Philosophie wie in der Wirtschaftslehre, in den politischen und Militärwissenschaften wie in der Geschichtswissenschaft, in der Literatur wie in der Kunst (darunter in der Theater- und Filmkunst, in der Musik, Skulptur und

Malerei) – nahmen diese frischen Streitkräfte eine imposante Entwicklung« (ebd.: 434). Ihr Einfluss sei so »weitreichend, ihre Gewalt so ungestüm, daß ihnen einfach kein Feind widerstehen« habe können. Der »Oberkommandierende [dieser] chinesischen Kulturrevolution« sei Lu Hsün gewesen, der auch als der »chinesische Gorki« bezeichnet wird (Seghers 1952: 81): »großer Schriftsteller, [...] großer Denker, [...] großer Revolutionär«. Seine Richtung sei die »der neuen Kultur der chinesischen Nation«, einer »antiimperialistische[n] und antifeudale[n] Kultur der breiten Volksmassen unter Führung des Proletariats«. Die Kulturrevolution habe sich dabei in »vier Perioden« entfaltet (Mao 1940a: 435f.): Mit ihren Parolen »Nieder mit der alten Moral, hoch mit der neuen Moral!« und »Nieder mit der alten Literatur, hoch mit der neuen Literatur!« habe die Bewegung vom 4. Mai zwar die neue Kultur eingeführt, aber trotz ihrer Forderung »Die Literatur für das einfache Volk!« sei sie »in der Praxis« notgedrungen – es war nicht einmal eine kommunistische Partei gegründet – auf »die kleinbürgerliche und bürgerliche Intelligenz der Städte« beschränkt gewesen (ebd.: 437). Dies habe sich mit der »Vertiefung der Revolution« geändert (ebd.: 439). Man könne sich nicht vorstellen, welche Fortschritte China durch die Revolution auch auf kultureller Ebene gemacht habe: »Das

Wüten all der finsteren Kräfte des In- und Auslands hat unserer Nation großes Unglück gebracht; dieses Wüten zeugt aber nicht nur davon, daß jene finsteren Kräfte noch stark sind, sondern davon, daß sie einen letzten Verzweiflungskampf führen, daß sich die Volksmassen allmählich dem Sieg nähern.« Dies gelte »für China«, aber es gelte »auch für den gesamten Osten und für die ganze Welt« (ebd.: 441). Tatsächlich ist es dieser kulturelle Antiimperialismus, der dazu geführt hat, dass China heute auf seine 5000 Jahre alte Zivilisation als kulturelle Triebkraft einer souveränen Entwicklung zurückgreifen kann, insofern es – auch durch seinen halbkolonialen Status – nie vom Imperialismus kulturell zersetzt worden ist, wie zum Beispiel Brasilien, Südafrika und Indien mit ihren jeweiligen Fremd-Sprachen als Muttersprachen, der Siedler- und Mestizen-Bevölkerungen usw.

Aus Maos Darlegungen ergeben sich nun auch Forderungen an die Kulturschaffenden. Die neue Kultur ist eine Volksbildungsbewegung. Den Marxismus-Leninismus zu verbreiten (ebd.: 443f.), sei Voraussetzung für den Übergang von der ersten in die zweite Phase der Revolution. Dafür gründet die KP die Zeitschrift *Der chinesische Arbeiter*, die »den Arbeitermassen in volkstümlicher Sprache viele Dinge erklären« soll (Mao 1940b: 476). Auch gründet man 1941 die »Parteischule«, die einen lebendigen

Marxismus schaffen soll, der sich nicht darin erschöpft, »einzelne Sätze aus den Werken von Marx, Engels, Lenin und Stalin auswendig herzusagen« (Mao 1941: 21).

Die Parteischule soll helfen, den »Arbeitsstil« zu verbessern und die zwei innerparteilichen Problemzonen Subjektivismus und Sektierertum zu überwinden (Mao 1942a: 36), die einen schädlichen »Parteischematismus« als ihr »Propagandawerkzeug« und ihre »Ausdrucksform« nutzen würden (Mao 1942b: 55). Der marxistische Schematismus habe einst mit seinem Eintreten für »die Verwendung der allgemeinverständlichen Literatursprache« eine fortschrittliche Rolle gespielt, als er sich im Kampf gegen die Schulpolitik der herrschenden Klasse befand, die »das Volk« gezwungen habe, »an das konfuzianische Schrifttum wie an ein religiöses Dogma zu glauben«. Die »Bewegung vom 4. Mai« habe damit gebrochen, indem sie für »Wissenschaft und Demokratie« und eine andere Sprache jenseits der »klassischen Literatursprache« eingestanden sei. Jetzt aber habe die schematische Übernahme der marxistischen Wissenschaft aus Europa, aus Russland einen eigenen Dogmatismus hervorgebracht, der, weil »nicht von vitaler Dynamik, sondern von Totenstarre gekennzeichnet«, notwendig den objektiven Verhältnissen Chinas unangemessene Schablonenhaftigkeit und sektiererische Züge zeitige (ebd.: 56f.).

Es ist in dieser Zeit der Hinwendung zur Kultur, die im Mai 1942 in Yan'an zur berühmten »Aussprache [...] über Literatur und Kunst« führt – zu einem Zeitpunkt also, als sich die Wende im globalen antifaschistischen Krieg abzeichnet und schon die Vorbereitung auf die Zeit nach dem Sieg über den japanischen Imperialismus und den Hegemoniekampf mit den Kuomintang läuft. Es gebe, schreibt Mao, »für die Befreiung des chinesischen Volkes [...] verschiedene Fronten, darunter die Front der Feder und die Front des Gewehres«. Neben der Armee bedürfe es auch einer »Armee der Kulturschaffenden«, um »unsere Reihen zusammenzuschließen« (Mao 1942c: 75). Mao zählt auf die wachsende Zahl der nach Yan'an und in die anderen Stützpunktgebiete kommenden »revolutionären Literatur- und Kunstschaffenden«, weil das bedeute, dass »sie sich hier mit den Volksmassen innig verb[i]nden« würden. Das Ziel der »Aussprache« sei es, dass sich die revolutionären Literaten »als ein integrierender Bestandteil in den Gesamtmechanismus der Revolution gut einfügen, daß sie zu einer machtvollen Waffe für den Zusammenschluß und die Erziehung des Volkes« würden. Der wesentliche Zugang zur Bewerkstelligung dieses Ziel seien – schreibt Mao in einem Text, der an Bertolt Brechts *Fünf Schwierigkeiten beim Schreiben der Wahrheit* erinnert – *erstens* der »Standpunkt« der

»Literatur- und Kunstschaffenden«, *zweitens* die »Haltung, die sie einnehmen«, *drittens* das »Publikum, an das sie sich wenden«, *viertens* »ihre Arbeit« und *fünftens* »ihr Studium« (ebd.: 76). Maos Programm ist das einer radikalen Demokratisierung der Kunst, ähnlich dem Bund proletarisch-revolutionärer Schriftsteller in der Weimarer Republik.

Der *Standpunkt* der kommunistischen Kulturschaffenden sei *erstens* ein erweiterter Klassenstandpunkt, nämlich »der des Proletariats und der breiten Volksmassen«. Aus dem Standpunkt ergebe sich *zweitens* die *Haltung* im Sinne der »konkrete[n] Einstellung zu den verschiedenen konkreten Dingen« und zu den »drei Kategorien von Menschen: unsere[n] Feinde[n], unsere[n] Verbündeten in der Einheitsfront und unsere[n] eigenen Leute[n], das heißt die Volksmassen und ihre Avantgarde. Zu jeder dieser drei Kategorien von Menschen« müsse man sich »anders verhalten«. Die Feinde, also japanischer Imperialismus und »alle anderen Feinde des Volkes«, müssten mit den Mitteln der Kunst »entlarvt« werden, die »Armee und das Volk, die sich zum Widerstand [...] erhoben haben«, seien »zu ermutigen«, die »Haltung gegenüber den verschiedenen Verbündeten in der Einheitsfront« müssten von Lob und Kritik gekennzeichnet sein. Die Kommunistische Partei und das Volk seien zu »preisen«, aber weil das Volk auch »seine Mängel« habe – in den »Reihen des Proletariats« gebe es immer noch »kleinbürgerliche Ideologie« und unter den Bauern und im städtischen Kleinbürgertum »rückständige Ansichten«, die »für sie eine Belastung im Kampf« seien –, sei es die Aufgabe der revolutionären Kunst und Literatur, das Volk »lange und geduldig zu erziehen«, ihm zu »helfen, diese Last von ihrem Rücken abzuwerfen«, »Mängel und Fehler« zu überwinden, »damit sie mit Riesenschritten vorwärtsmarschieren können«. Die volksrevolutionäre Literatur und Kunst müsse den »Prozeß dieses Ummodelns widerspiegeln«, dürfe aber in der ästhetisch-literarischen Darstellungsweise sich nicht in überheblich-avantgardistischer Weise nur auf die »Fehler versteifen [...], nicht bloß eine Seite sehen und so den Fehler begehen«, die Menschen aus dem Volk »zu verspotten« oder sich »ihnen gegenüber sogar feindlich verhalten.« Das, »was wir schreiben«, müsse »ihnen helfen, sich zusammenzuschließen, Fortschritte zu machen und einmütig vorwärtszustürmen« (ebd.: 76f.).

Das »Problem des Publikums« bezeichne *drittens* »die Frage, für wen die Werke der Literatur und Kunst bestimmt« seien. In der Zeit vor Beginn des Widerstandskriegs gegen Japan habe die revolutionäre Literatur als »Hauptkonsument« primär einen »Teil der Studenten«, die »Büroangestellten und Handlungsgehilfen« erreicht. Dies sei im Wesentlichen auch der Adressat von Literatur in den Kuomintang-Gebieten, weil man »dort die Arbeiter, Bauern und Soldaten von der revolutionären Literatur und Kunst« ferngehalten habe. In den Stützpunktgebieten habe man sich hingegen bemüht, nach der Arbeit an der Alphabetisierung auch das breite Volk an Kunst und Literatur demokratisch teilhaben zu lassen: »Die verschiedenen Funktionäre, die Soldaten in den Truppeneinheiten, die Arbeiter in den Fabriken und die Bauern im Dorf«, schreibt Mao, »möchten, nachdem sie lesen und schreiben gelernt haben, Bücher und Zeitungen lesen, und auch die Analphabeten möchten Theaterstücke sehen, Bildwerke betrachten, Lieder singen und Musik hören.« Sie seien »die Konsumenten unserer Literatur- und Kunstwerke«. Den Unterschied zwischen den Kuomintang- und den kommunistischen Gebieten zeige sich auch im schroffen Gegensatz der niedrigen Auflagezahlen literarischer Produkte in jenen und den hohen Auflagen bei den Kommunisten, und außerdem in der immensen Lebendigkeit der Kunst in Yan'an, wohin die revolutionären Künstler geströmt seien (ebd.: 78).

Die Frage sei jedoch *viertens*, wie die revolutionären Kulturschaffenden die Adressaten ihrer Kunst, die »Arbeiter, Bauern, Soldaten und ihre Funktionäre [...], verstehen und mit ihnen vertraut« werden. Dafür sei ein »großes Stück« Organisationsarbeit zu leisten. »Unsere Literatur- und Kunstschaffenden« hätten »auf ihrem Gebiet [...] zu arbeiten, doch ihre wichtigste und vornehmste Aufgabe« sei es, »die Menschen verstehen und gut kennenzulernen«. Bislang aber glichen die revolutionären Kulturschaffenden »jenen Helden [...], die keine Gelegenheit haben, ihre Heldentat zu zeigen«, weil sie »die Menschen [nicht kennen]« würden. Sie seien bislang »weder mit den Urbildern ihrer eigenen Geschöpfe noch mit den Konsumenten ihrer Schöpfungen gut vertraut, oder sie stehen ihnen überhaupt fremd gegenüber. Sie kennen nicht die Arbeiter, Bauern und Soldaten sowie ihre Funktionäre [...]. Sie verstehen nicht die Sprache, das heißt, ihnen ist die reiche und lebendige Sprache der Volksmassen fremd«. Das gelte nicht nur für die bürgerlichen Literaten, »die sich von den Massen fernhalten und ein inhaltsleeres Leben führen«, weshalb auch »die Sprache ihrer Werke [...] nicht nur schal« schmecke, sondern »auch häufig selbsterfundene und undefinierbare Worte und Ausdrücke« enthalte, »die der Sprache des Volkes kraß zuwiderlaufen« würden. Es gelte eben auch für die Genossen, die zwar von »der ›Orientierung auf die Massen‹« sprächen, aber noch weit davon entfernt seien, »gewissenhaft die Sprache der Massen zu lernen«, was zur Folge habe, »daß die Massen ihre hochtönenden Redensarten nicht schätzen« würden. Wenn man »von den Massen verstanden werden, [...] mit ihnen verschmelzen« wolle, dann müsse man »die Entschlossenheit aufbringen, einen langen und sogar qualvollen Umerziehungsprozeß durchzumachen«. Mao erläutert dies mit seinen eigenen Erfahrungen, »wie sich meine eigene Mentalität gewandelt hat«: Er komme »aus dem Milieu der studierenden Jugend« und habe »in der Schule die Gewohnheiten eines Studenten« angenommen. Es sei ihm, dem Bauernkind, das schon früh in seiner Kindheit harte körperliche Arbeit kennengelernt hat, »unschicklich« vorgekommen, »in Gegenwart der anderen Studenten, die keine Last zu tragen vermochten, [...] auch nur die geringste körperliche Arbeit zu verrichten, beispielsweise mein eigenes Gepäck zu tragen«. Damals habe er geglaubt, »daß die Intellektuellen die einzig sauberen Menschen in der Welt, die Arbeiter und Bauern aber im Vergleich zu ihnen schmutzig wären. Ich konnte fremde Kleidung anlegen, wenn sie einem Intellektuellen gehörte, denn ich hielt sie für sauber; aber ich hätte mich nicht dazu bereit gefunden, die Kleidung eines Arbeiters oder Bauern anzulegen.« Erst nachdem er »Revolutionär geworden« sei und »unter den Arbeitern, Bauern und Soldaten [...] zu leben begonnen« habe, habe er diese

»gut kennen« gelernt und umgekehrt. »Dann, und erst dann«, habe er sich »restlos von der bürgerlichen und kleinbürgerlichen Mentalität frei« gemacht, »die mir in der bürgerlichen Schule anerzogen worden war. Wenn ich damals die noch nicht umgemodelten Intellektuellen mit den Arbeitern und Bauern verglich, empfand ich die Intellektuellen als unsauber, die Arbeiter und Bauern aber als die saubersten Menschen, sauberer als die bürgerlichen und kleinbürgerlichen Intellektuellen, mochten die Hände der Arbeiter und Bauern auch schwarz sein, mochte auch an ihren Füßen Kuhmist kleben.« Das eben bedeute »eine Wandlung der Mentalität, die Wandlung von einer Klasse zu einer anderen hin« (ebd.: 79). In diesem Sinne des Verrats an der eigenen Herkunftsklasse, wie Georg Lukacs es auch beschrieben hat (vgl. Band 15 der *Edition Marxismen*), müssten sich die »aus der Intelligenz stammenden Literatur- und Kunstschaffenden« in der revolutionären Bewegung in »ihrem Denken und Fühlen wandeln, [...] sich ummodeln, wenn sie wollen, daß ihre Werke die Anerkennung der Massen finden. Ohne eine solche Wandlung und Ummodelung« würden sie »nichts Rechtes zustande bringen«, würden sie »nirgendwo hinpassen« (Mao 1942c: 80).

Daraus ergibt sich für Mao *fünftens* die Frage des »Studiums«, womit das »des Marxismus-Leninismus und das

Studium der Gesellschaft« gemeint sei. Jeder, der sich als »marxistisch revolutionärer Schriftsteller« bezeichne, müsse natürlich auch »marxistisch-leninistisches Wissen besitzen«. Oft bleibe es aber bei »nur ungenügend« angeeigneten »Grundthesen«, was dazu führe, dass in ihren Werken der Ausgangspunkt »abstrakte Liebe«, »abstrakte Freiheit«, »abstrakte Wahrheit« und »abstrakte menschliche Natur« sei. Die Literatur- und Kunstschaffenden müssten »die Gesellschaft studieren, das heißt die verschiedenen Klassen«, ihre »Wechselbeziehungen«, »ihre Physiognomie und Psychologie«. Erst dann würden »unsere Literatur und Kunst einen reichen Inhalt und eine richtige Orientierung besitzen« (ebd.: 80f.). Literatur für die Volksmassen bedeute auch, einen »proletarischen« statt »kleinbürgerlichen Standpunkt einzunehmen«, weil es »heutzutage für Schriftsteller, die hartnäckig an ihren individualistischen [...] Positionen« festhielten, »unmöglich« sei, »den revolutionären Massen der Arbeiter, Bauern und Soldaten wirklich zu dienen«, die diese »an der zahlenmäßig schwachen kleinbürgerlichen Intelligenz« ausgerichteten Literatur mit Desinteresse strafe. Viele Genossen würden »ihre Freunde nur in den Reihen der Intellektuellen« suchen, »ihre Aufmerksamkeit darauf [richten], diese zu studieren und zu porträtieren, weil sie selbst aus dem Kleinbürgertum stammen«. Wäre die narrative Perspektive, der Erzähler-Standpunkt der »des Proletariats«, so wäre eine Betrachtung der kleinbürgerlichen Lebensweise freilich »in Ordnung«. »Aber zu den Massen der Arbeiter, Bauern und Soldaten« hätten »sie kaum Kontakt«, verstünden und studierten sie nicht, verstünden entsprechend auch nicht, »sie zu gestalten«. Der Versuch, »sie abzubilden«, trüge »das Gewand [...] von Werktätigen«, aber »das Gesicht [...] kleinbürgerlicher Intellektueller« (ebd.: 84f.). So würden diese schreibenden Genossen »die Arbeiter, Bauern und Soldaten« in Gestalt der »Kader« lieben, aber »nicht deren Gefühle, deren Manieren, deren aufkeimende Literatur und Kunst (Wandzeitungen, Fresken, Volkslieder, Volkserzählungen usw.)«. Oft fänden sie daran nur »Gefallen« bei der Jagd nach »Kuriositäten«, mit denen sie »ihre eigenen Werke [...] verzieren« wollten, oder bloß, »weil sie auf das aus sind, was darin rückständig« ist (ebd.: 85f.).

Die Frage sei, ob sich revolutionäre Literatur »um die Hebung des Niveaus oder um die Popularisierung« bemühe?. Maos Antwort: Wenn die Hebung des Niveaus bedeute, den Arbeitern, Bauern und Soldaten das zu bringen, was alte Feudalklasse, Bourgeoisie oder Kleinbürgertum zur literarischen und ästhetischen Erbauung bräuchten und entsprechend – wie der sozialaufgestiegene Bauernsohn und Klassentheoretiker Pierre Bourdieu es einmal bezeichnete – die Kultur zum Bauern zu tragen, ihn an die Kunst der herrschenden Klasse anzupassen und seiner Klasse zu entfremden, dann sei diese Frage falsch gestellt. »Wir dürfen nur das popularisieren, was die Arbeiter und Bauern und Soldaten selbst brauchen und was von ihnen bereitwillig aufgenommen wird« (ebd.: 88). Das setze aber das Verständnis einer dialogischen Pädagogik voraus, die den »Unterschied zwischen Lehrenden und Lernenden« aufhebe (ebd.: 91): Der Schriftsteller und Intellektuelle habe mindestens genauso viel von den Volksklassen zu lernen, wie die Volksklassen von ihm. Deshalb komme »vor der Aufgabe«, die Massen »zu erziehen, die Aufgabe, von ihnen zu lernen.« Das gelte auch für »die Hebung des Niveaus«, dafür müsse es »eine Basis geben. Wenn wir z.B. einen Eimer Wasser hochheben, von wo aus tun wir das, wenn nicht vom Boden? Etwa aus der Luft? Was ist nun die Basis, wenn wir das Niveau unserer Literatur und Kunst heben wollen?«. Die Hebung des Kulturniveaus der Volksklassen bedeute nicht, »daß wir die Arbeiter, Bauern und Soldaten auf die ›Höhe‹ der Feudalklasse, der Bourgeoisie oder der kleinbürgerlichen Intelligenz heben, sondern daß wir ihr Niveau in der Richtung heben, in der die Arbeiter, Bauern und Soldaten selbst vorwärtsschreiten, in der Richtung, in der das Proletariat vorwärtsschreitet« (ebd.: 88f.).

Aber was ist mit den Sujets? Das Paradox der Literatur sei: »Obwohl das gesellschaftliche Leben der Menschheit für Literatur und Kunst die einzige Quelle« sei, »obwohl es selbst dem Inhalt nach unvergleichlich lebendiger und reicher« als diese sei, gebe »sich das Volk mit ihm allein nicht zufrieden« und verlange »nach Literatur und Kunst. Weshalb?«. Maos Antwort: »Weil zwar sowohl das Leben als auch Literatur und Kunst schön sind, dennoch aber das in Werken der Literatur und der Kunst widergespiegelte Leben in seinen Äußerungen erhabener, schärfer ausgeprägt, konzentrierter, typischer und idealer und folglich auch allumfassender als die Alltagswirklichkeit sein kann und soll«. Die revolutionäre Kunst und Literatur solle, »indem sie die verschiedenen Gestalten aus dem wirklichen Leben« nehme, »den Massen helfen, die Geschichte vorwärtszutreiben. Die einen leiden beispielsweise Hunger und Kälte, werden unterdrückt, die anderen beuten die Menschen aus und unterdrücken sie – das gibt es überall, und die Menschen sehen darin nichts Außergewöhnliches.« Schriftsteller und Künstler schüfen »Werke der Literatur und Kunst – indem sie diese alltäglichen Erscheinungen in einem Brennpunkt konzentrieren und die in ihnen enthaltenen Widersprüche und Kämpfe typisieren –, welche die Volksmassen aufrütteln, in Begeisterung versetzen und dazu treiben können, für die Änderung der Verhältnisse, in denen sie leben, sich zusammenzuschließen und zu kämpfen« (ebd.: 90f.).

Mao sieht die hohe Bedeutung der Kunst für die Errichtung des neuen China. Er wendet sich scharf gegen »die trotzkistische Formel«: »Politik – marxistisch, Kunst bürgerlich« und stellt im Folgenden noch weitere Überlegungen zur kommunistischen Kulturarbeit an (ebd.: 95f.) – zu Fragen der »Methoden und des Stils des Kunstschaffens« (ebd.: 97), wie sie in Europa auch im Expressionismusstreit über James Joyce, Franz Kafka und John Dos Passos geführt worden sind, zur Kunst als einer Form der Ideologiekritik und wie sie dort nicht stehen bleibt (ebd.: 102), zur Doppeldeutigkeit der Ironie, je nachdem, gegen was sie sich richtet (ebd.: 103), und zu den zukünftigen Aufgaben für die revolutionäre Kulturpolitik, wie sie sich für ihn im Ergebnis der Debatten darstellen (ebd.: 105ff.). Er schließt mit der Betonung, dass in der neuen »Epoche der Massen« die »Beziehungen zwischen dem Individuum und den Massen restlos« zu klären seien, und er schlägt vor einige Zeilen von Lu Hsün zur gemeinsamen Devise zu machen:

> *Eng die Brauen, kalten Blickes trotz' ich tausend Zeigefingern, willig wie ein Büffel beug' mein Haupt ich vor den Kindern* (ebd.: 107f.).

Oder wie es in einer anderen Übersetzung aus der DDR von 1952 heißt:

> *Zornig und kalt sei dein Blick auf die tausend Tyrannen gerichtet,*
> *Doch vor dem unschuld'gen Kind neige das Haupt wie ein Rind* (Mao 1952: 73).

Es sind die Zeigefinger (bzw. Tyrannen), die für die Feinde stehen, die Kinder (bzw. das Kind), die für Proletariat und Volksmassen stehen. Die Künstler müssten »zum ›Büffel‹ für das Proletariat und die Volksmassen werden, ihnen hingebungsvoll mit ganzer Kraft bis zum letzten Atemzug dienen«. Mit den Debatten stehe man erst am Anfang (Mao 1942c: 107f.).

Mao selbst hält sich an seine Maxime: Er selbst schreibt seine Gedichte in vereinfachtem Chinesisch und nicht in Mandarin, dessen Name bereits seine massenfremden Zwecke offenbart (Schickel 1967: 48). Maos Fokus auf Kulturfragen verdeutlicht, welche Bedeutung er dem Überbau beimisst. Anna Seghers, die China-gebildete und im Bund proletarisch-revolutionärer Schriftsteller entwickelte Schriftstellerin von Weltruhm, schrieb 1952 zu Maos Yan'an-Reden das Nachwort: Die Volksrepublik sei »heute ein mächtiges Bollwerk in der Festung der demokratischen Länder zwischen dem Stillen Ozean und der Elbe« und die chinesischen Künstler hätten an ihrem Aufbau »hohen Anteil«. Maos Herangehensweise an die Kunst diene ihr: Er antworte »ohne Schablone, ohne leere Formeln«, fragend, suchend (Seghers 1952: 75-78). Mao sei, »wie Lenin, der Meinung, die Literatur« müsse »wie eine ›Schraube im gesamten Mechanismus‹ sein«, müsse »dem Volk helfen, mit vereinten Herzen und Kräften den Feind zu schlagen« (ebd.: 80). Er bestimme, »weil er Marxist ist, die Richtlinie und die Methode nach der gegebenen Wirklichkeit und nicht nach Definitionen von Literatur und Kunst aus Wörterbüchern«. Man glaube, wenn man die Frage »Wem dient unsere Literatur und wie?« höre, man wisse schon die Antwort, aber »beim Studium der Rede« von Mao werde man »noch einmal gezwungen, die Frage gründlich zu lösen«. Besonders geistreich findet Seghers, dass Mao in der Frage »Verbreiterung oder Erhöhung des Niveaus« die »enge Verbindung zwischen beiden« aufzuzeigen in der Lage ist und im Hinblick auf »Inhalt und Form eines Kunstwerkes« bei ihm »kein Entweder-Oder« zu finden sei: »Der richtige Inhalt ist das Primäre, doch ohne Form, die dem Inhalt entspricht, entsteht kein wirkliches Kunstwerk« (ebd.: 82f.).

Nach dem Sieg der Revolution: »Die Periode der sozialistischen Revolution und des sozialistischen Aufbaus«

In der neuen Sowjetrepublik Yan'an mit zwei Millionen Einwohnern verwandeln sich die überlebenden »kommunistischen Parteikader«. Entstanden sei, schreibt Ruth Fischer, »eine Bauern-Soldaten-Partei, in der [...] der Bauer zum Soldaten wurde und der Soldat zum Bauern«. Das »kommunistische Vokabular« sei »ganz gleich geblieben«, aber die besonderen Bedingungen hätten einen Typ »kommunistischer Bewegung« hervorgebracht, der »mit der proletarischen Avant-Garde der Städte« nur noch »wenig gemeinsame Züge« aufgewiesen habe. Durch mildere Agrarpolitik habe Mao nun »in immer weiterem Umfang [...] auch mittlere und wohlhabende Bauern in sein System« einbezogen, »wenn diese bereit« waren, »mit ihm für die Unabhängigkeit Chinas zu kämpfen« (Fischer 1956: 146).

Die Bedingungen für die Hegemonie im Land sind nicht ideal, aber zunehmend vorteilhaft: Chiang Kai-shek als Bündnispartner der USA im »antifaschistischen Jahrzehnt« und Inhaber der »reguläre[n] Beziehungen« zum Ausland sei »zum großen Gegenspieler von Hirohito und Hitler gemacht« worden, aber ein »Ein-Partei-Staat, in dem keinerlei oppositionelle Parteien geduldet wurden«, mit »energische[r], alles durchdringende[r] Geheimpolizei«, der vor 1936 kompromisslerisch dem japanischen Aggressor gegenüber aufgetreten sei, ist kein gutes Gesicht der nationalen Befreiung (ebd.: 147f.). Die Kommunisten wachsen hingegen im Ansehen, weil sie konsequenter antiimperialistisch sind und tatsächlich den Volksinteressen dienen. Als 1938 Japan die Hauptstadt Nanjing einnimmt, aufgegeben durch die Kuomintang, stärkt dies das Ansehen der Kommunisten. 1942 kontrollieren sie im Widerstandskrieg schon ein Gebiet mit 95 Millionen Menschen. Die Rote Armee nimmt die Mandschurei ein und übernimmt so die Waffen der kapitulierenden Japaner – ein Feldvorteil im kommenden Bürgerkrieg. Auch die Sowjetunion sucht das Gleichgewicht zugunsten der KP zu verschieben: Ihre Finanzmittel überwiegen die der USA an Chiang bei weitem (ebd.: 149). »Rein militärtechnisch gesehen« sind die Kuomintang den Kommunisten nach dem gemeinsamen Sieg über Japan noch »im Verhältnis drei zu eins überlegen«, 2,6 Millionen Truppen der Kuomintang gegen etwa 1,1 Millionen der KP. So erobern Chiangs Truppen die Mandschurei und sogar Yan'an. Die USA unterstützen die Kuomintang jetzt massiv; sogar Stalin hält sie für die zukünftige Regierung. Am 15. November 1946 beruft Chiang die erste Nationalversammlung des befreiten Chinas ein – ohne Kommunisten. Sein erneutes Ziel: Liquidation der KP. Diese muss sich wieder zurückziehen, aber in den Kuomintang-Gebieten bleiben Reformen aus, herrscht Unzufriedenheit. Das Blatt wendet sich, Mao würde sagen: Die sekundäre Seite des Widerspruchs wird allmählich die Dominante. Ab jetzt gehen die Kommunisten in die Offensive. Bereits Ende 1947 rufen sie zur »Generaloffensive«, erobern Gebiete und in ihnen US-Waffen (ebd.: 150f.). Sie beginnen den Marsch von Norden zu den »volkreichen Städten des Südens«, »starke Kuomintang-Kontingente« laufen über, »ganze Provinzen« fallen ihnen zu. Die »kommunistischen Heere durcheilen China« nun »fast ohne Widerstand zu finden«. Im Januar 1949 erreichen sie Tientsin und Peking. Chiang will die Kommunisten am Jang-tse stellen, um so einen Vormarsch auf Kanton und Schanghai abzuwenden; alle Experten erwarten, dass die Kommunisten diesen Strom »technisch« nicht überqueren können. Die Voraussage erweist sich als falsch. Chiang bläst zum Rückzug, weil »sich auch diese Kerntruppen [...] als unzuverlässig erweisen und in immer größerer Zahl« überlaufen. Anfang 1949 haben sich, in Maos Sprache, die Mengen auf beiden Seiten des Widerspruchs geändert: es gibt nur noch 1,5 Millionen Truppen der Kuomintang und 1,6 Millionen Soldaten in Maos Armee. Im April 1949 besetzt die

Volksbefreiungsarmee die alte Hauptstadt Nanjing. Am 1. Juli verkündet Mao »das Grundgesetz der neuen Regierung und besetzt die letzten noch von der Kuomintang gehaltenen Punkte«. Am 1. Oktober 1949 hat die Revolution endgültig gesiegt. Die Chinesische Volksrepublik wird proklamiert und Beijing zur neuen Hauptstadt. Am 7. Dezember flieht Chiang »mit dem Rest seiner Armee« nach Taiwan (ebd.: 152).

»Künftige Historiker«, schreibt Ruth Fischer, würden »wahrscheinlich den siegreichen Einzug der Kommunistischen Partei Chinas in Peking [...] als das wichtigste Ereignis des 20. Jahrhunderts bezeichnen«. Mit Maos Rückkehr in die »Hauptstadt der unabhängigen und unteilbaren Republik« habe die »Bewegung des Vierten Mai« dreißig Jahre später »ihre Erfüllung« gefunden (ebd.: 140f.). Die Kommunistische Partei führt nun »energisch eine Reihe von demokratischen Reformen durch«. Sie führt die Zivilehe ein – »eine Maßnahme, die in China, in dem Frauen durch ein feudalistisches Familienrecht halb versklavt waren, von besonderer Bedeutung« ist –; »das Gewerkschaftsgesetz; eine Reihe von Arbeitsgesetzen und das Kernstück dieser Reformen, das Agrarreformgesetz«. Letzteres wird »im Laufe der nächsten drei Jahre zum Hauptinstrument« der »Revolution auf dem Land« (ebd.: 153f.). Man habe, richtet sich Mao am 3. Juni 1950 auf der

3. Plenartagung des VII. Zentralkomitees der KPCh an die Genossen, »die Bodenreform in den nördlichen Landesteilen mit einer Bevölkerung von 160 Millionen bereits vollendet«. Auf sie »gestützt«, habe man »den Befreiungskrieg gewonnen« (Mao 1950b: 31) und nur durch sie werde die Industrialisierung denkbar (ebd.: 36). Jetzt im Herbst 1950 werde man »in weiten Gebieten, in denen ungefähr 310 Millionen Menschen leben, mit der Bodenreform beginnen, um die gesamte Grundherrenklasse zu stürzen«. Mao erinnert daran, man werde bei der »Bodenreform [...] auf ebenso zahlreiche wie mächtige Feinde treffen«: die »Imperialisten [...], die Reaktionäre in Taiwan und Tibet«, wohin sich die Konterrevolution geflüchtet hat, »die restlichen Kuomintang-Kräfte [...], die Grundherrenklasse; und [...] die reaktionären Kräfte in den von den Imperialisten in China gegründeten Missionsschulen« (ebd.: 31f.). Vor diesem Hintergrund warnt Mao die revolutionär ungeduldigen Linken davor, »in alle Richtungen loszuschlagen«, zu viel auf einmal zu wollen (Mao 1950a).

Maos Ziel ist es, die Revolution zu stabilisieren. Er hat den imperialistischen Überfall Japans, den Überfall der Entente auf die Oktoberrevolution, den Vernichtungskrieg Nazideutschlands in der Sowjetunion vor Augen. Er will keine innere Front riskieren, keine größeren Risse. Darum plädiert er für ein schrittweises Vorgehen, das die breiteste

Einheit im Innern als Voraussetzung des Schutzes vor dem Imperialismus sieht, und zugleich die Volksrepublik absichert (Mao 1950b: 38). Zugleich plädiert Mao dafür, mit der Methode der Kritik und Selbstkritik Überzeugungsarbeit zu leisten. Der »Sieg der Revolution« habe zur »Reorganisierung der Wirtschaft unserer Gesellschaft geführt«, aber sie und die »Schädigung von Industrie und Handel« im Ergebnis des Krieges würden der Gesellschaft »doch zur Zeit schwere Lasten« aufbürden, was dazu geführt habe, dass »viele Leute mit uns unzufrieden« sind, vor allem in der »nationalen Bourgeoisie«, aber auch unter den »erwerbslosen Intellektuellen und Arbeiter[n]« sowie »eine Anzahl kleiner Handwerker« und »Bauern in den meisten ländlichen Gebieten [...], weil dort die Bodenreform noch nicht durchgeführt worden« sei und sie »außerdem dem Staate Getreide abliefern« müssten. Um gegen die Hauptfeinde bestehen zu können, »unsere gegenwärtigen Feinde zu isolieren und zu schlagen«, müssten die Kommunisten »diejenigen im Volk, die mit uns unzufrieden sind, dazu bringen, uns zu unterstützen« (ebd.: 32). Mao plädiert darum für eine breite Einheitsfront und »einen Zusammenschluß mit dem Kleinbürgertum und der nationalen Bourgeoisie unter der Führung der Arbeiterklasse und auf der Grundlage des Bündnisses der Arbeiter und Bauern«. Die »nationale Bourgeoisie« werde »einmal zu bestehen aufhören, aber gegenwärtig« dürfe man »sie nicht von uns wegstoßen«, sondern müsse »sie um uns zusammenschließen. Einerseits müssen wir sie bekämpfen, andererseits uns mit ihr vereinen.« Es sei die schwierige Aufgabe, »dies den Kadern klarzumachen« (ebd.: 33).

»Jene, die zum revolutionären Krieg und zur revolutionären Umwälzung des Bodenbesitzsystems beigetragen« hätten und »die auch in den kommenden Jahren des wirtschaftlichen Aufbaus und der kulturellen Entwicklung weitere Leistungen« erbrächten, »für sie alle« gelte: »Das Volk wird sie nicht vergessen, wenn die Zeit für die Verstaatlichung der privaten Industrie und für die Sozialisierung der Landwirtschaft gekommen« sei, »was allerdings«, entwarnt Mao, »noch in weiter Ferne« liege. Das Land kommt mit diesem Tempo »stetig voran: Es hat den Krieg hinter sich gebracht und erlebt nun die Durchführung neudemokratischer Reformen; später, wenn unsere Wirtschaft und Kultur gedeihen, wenn die Bedingungen reif« seien, »wenn der Übergang vom ganzen Volk gründlich durchdacht und gebilligt worden ist, dann wird unser Volk ruhig und sicher in die neue Periode des Sozialismus eintreten« (ebd.: 37f.).

Die weitere Entwicklung der Volksrepublik unter Mao beinhaltet die beschriebenen Widersprüche. Dazu zählen die gewaltigen Opferzahlen des »Großen Sprungs«, den Mao in seinen *60 Punkten über Arbeitsmethoden* begründet, sowie der »Kulturrevolution«. Hinzu kommen eine recht abenteuerliche Außenpolitik, mit der Mao mit dem »Papiertiger« Imperialismus die Auseinandersetzung fand, und dann, mit Deng Xiaopings »Politik der Öffnung« zwei Jahre nach Maos Tod, eine scharfe Kurskorrektur. All dies ist in diesem Rahmen, in dem Maos theoretisches Werk im Zentrum steht, nicht zu bewerten. Es ist dem Deng gewidmeten Band der *Edition Marxismen* vorbehalten, die weitere Entwicklung des chinesischen Sozialismus nach 1949 zu behandeln.

Im Juni 1959 schreibt Mao sein Gedicht »Gekommen nach Shao-shan«, das an den Beginn der Agrarrevolutionären Kämpfe und den Anfangspunkt der maoistischen Revolutionsstrategie erinnert. Wer hätte damals, in der finstersten Stunde der Konterrevolution, den Sieg dieser Strategie für möglich gehalten?

Fern ist Erinnerung kaum, gebannt der vergängliche Strom:
meine Heimat zweiunddreißig Jahre zuvor.
Rote Fahnen, rotten zusammen der Fronbauern Speere,
schwarze Hände, halten oben der Zwingherren Peitsche.
Weil sie sich opfern, opfern zu vielen, erstarkt ihr Wille,
wagt Befehle an Sonne und Mond: schafft neue Tage.
Freudenblick: Reis und Bohnen, ein tausendfaches Gewoge;
rings im Lande die Helden, herab im Abenddunst.

Bibliografie

Adolphi, Wolfram (2009): *Mao - Eine Chronik*, Berlin: Neues Leben.

Adorno, Theodor W. (1966): *Negative Dialektik*, Frankfurt/M.: Suhrkamp.

Boltanski, Luc; Chiapello, Eve (2003): *Der neue Geist des Kapitalismus*, Konstanz: UVK.

Fischer, Ruth (1956): *Von Lenin zu Mao. Kommunismus in der Bandung-Ära*, Düsseldorf u.a.: Eugen Diederichs.

Hautsch, Gerd (1974): *»Papiertiger« - »Sozialimperialismus« - »Supermächte«. Maoistische Revolutionsrezepte im Lichte des Marxismus*, Frankfurt/M.: Verlag Marxistische Blätter.

Lückenhaus, Alfred (1958): *Mao Tse Tung*, Berlin: Colloquium Verlag.

Mao Tse-Tung (1926): »Analyse der Klassen in der chinesischen Gesellschaft«, in: ders. (1968): *Ausgewählte Werke*, Band 1, Peking: Verlag für fremdsprachige Literatur, 9-20.

Mao Tse-Tung (1927): »Untersuchungsbericht über die Bauernbewegung in Hunan«, in: ders. (1968): *Ausgewählte Werke*, Band 1, Peking: Verlag für fremdsprachige Literatur, 21-63.

Mao Tse-tung (1928a): »Warum kann die chinesische rote Macht bestehen?«, in: ders. (1968): *Ausgewählte Werke*, Band 1, Peking: Verlag für fremdsprachige Literatur, 67-78.

Mao Tse-tung (1928b): »Der Kampf im Djinggang-Gebirge«, in: ders. (1968): *Ausgewählte Werke*, Band 1, Peking: Verlag für fremdsprachige Literatur, 79-118.

Mao Tse-Tung (1929): »Über die Berichtigung falscher Ansichten in der Partei«, in: ders. (1968): Ausgewählte Werke, Band 1, Peking: Verlag für fremdsprachige Literatur, 119-132.

Mao Tse-Tung (1930): »Aus einem Funken kann ein Steppenbrand entstehen«, in: ders. (1968): Ausgewählte Werke, Band 1, Peking: Verlag für fremdsprachige Literatur, 133-146.

Mao Tse-Tung (1933): »Man muss die Arbeit auf wirtschaftlichem Gebiet beachten«, in: ders. (1968): Ausgewählte Werke, Band 1, Peking: Verlag für fremdsprachige Literatur, 147-156.

Mao Tse-Tung (1934): »Kümmern wir uns um das Alltagsleben der Volksmassen, achten wir auf die Arbeitsmethoden!«, in: ders. (1968): Ausgewählte Werke, Band 1, Peking: Verlag für fremdsprachige Literatur, 169-176.

Mao Tse-Tung (1935): »Über die Taktik im Kampf gegen den japanischen Imperialismus«, in: ders. (1968): Ausgewählte Werke, Band 1, Peking: Verlag für fremdsprachige Literatur, 177-208.

Mao Tse-Tung (1936a): »Strategische Probleme des revolutionären Krieges in China«, in: ders. (1968): Ausgewählte Werke, Band 1, Peking: Verlag für fremdsprachige Literatur, 209-298.

Mao Tse-tung (1936b): »Eine Erklärung zur Erklärung Tschiang Kai-scheks«, in: in: ders. (1968): Ausgewählte Werke, Band 1, Peking: Verlag für fremdsprachige Literatur, 299-307.

Mao Tse-Tung (1937a): »Die Aufgaben der Kommunistischen Partei Chinas in der Periode des Widerstandskampfes gegen die japanische Aggression«, in: ders. (1968): *Ausgewählte Werke*, Band 1, Peking: Verlag für fremdsprachige Literatur, 309-334.

Mao Tse-Tung (1937b): »Die Millionenmassen für die antijapanische nationale Einheitsfront gewinnen«, in: ders. (1968): *Ausgewählte Werke*, Band 1, Peking: Verlag für fremdsprachige Literatur, 335-346.

Mao Tse-Tung (1937c): »Über die Praxis«, in: ders. (1968): *Ausgewählte Werke*, Band 1, Peking: Verlag für fremdsprachige Literatur, 347-364.

Mao Tse-Tung (1937d): »Über den Widerspruch«, in: ders. (1968): *Ausgewählte Werke*, Band 1, Peking: Verlag für fremdsprachige Literatur, 365-408.

Mao Tse-Tung (1938a): »Strategische Probleme des Partisanenkriegs gegen die japanische Aggression«, in: ders. (1968): *Ausgewählte Werke*, Band 2, Peking: Verlag für fremdsprachige Literatur, 83-126.

Mao Tse-Tung (1938b): »Über den langwierigen Krieg«, in: ders. (1968): *Ausgewählte Werke*, Band 2, Peking: Verlag für fremdsprachige Literatur, 127-228.

Mao Tse-Tung (1938c): »Der Platz der Kommunistischen Partei Chinas im nationalen Krieg«, in: ders. (1968): *Ausgewählte Werke*, Band 2, Peking: Verlag für fremdsprachige Literatur, 229-248.

Mao Tse-Tung (1938d): »Die Frage der Unabhängigkeit und Selbständigkeit in der Einheitsfront«, in: ders. (1968): *Ausgewählte Werke*, Band 2, Peking: Verlag für fremdsprachige Literatur, 249-255.

Mao Tse-tung (1939a): »Die Bewegung des 4. Mai«, in: ders. (1968): *Ausgewählte Werke*, Band 2, Peking: Verlag für fremdsprachige Literatur, 275-277.

Mao Tse-Tung (1939b): »Die Orientierung der Jugendbewegung«, in: ders. (1968): *Ausgewählte Werke*, Band 2, Peking: Verlag für fremdsprachige Literatur, 279-288.

Mao Tse-Tung (1939c): »Gegen die Kapitulationsumtriebe«, in: ders. (1968): *Ausgewählte Werke*, Band 2, Peking: Verlag für fremdsprachige Literatur, 289-296.

Mao Tse-tung (1939d): »Gespräch mit einem Korrespondenten der Zeitung *Hsinhua Jibao* über die neue internationale Lage«, in: *Ausgewählte Werke*, Band 2, Peking: Verlag für fremdsprachige Literatur, 303-310.

Mao Tse-Tung (1939e): »Der Zeitschrift *Kommunist* zum Geleit«, in: ders. (1968): *Ausgewählte Werke*, Band 2, Peking: Verlag für fremdsprachige Literatur, 331-344.

Mao Tse-Tung (1939f): »Die gegenwärtige Lage und die Aufgaben der Partei«, in: ders. (1968): *Ausgewählte Werke*, Band 2, Peking: Verlag für fremdsprachige Literatur, 345-347.

Mao Tse-Tung (1939g): »Die Intellektuellen in Massen heranziehen«, in: ders. (1968): *Ausgewählte Werke*, Band 2, Peking: Verlag für fremdsprachige Literatur, 349-352.

Mao Tse-Tung (1939h): »Die Chinesische Revolution und die Kommunistische Partei Chinas«, in: ders. (1968): *Ausgewählte Werke*, Band 2, Peking: Verlag für fremdsprachige Literatur, 353-388.

Mao Tse-Tung (1940a): »Über die neue Demokratie«, in: ders. (1968): *Ausgewählte Werke*, Band 2, Peking: Verlag für fremdsprachige Literatur, 395-450.

Mao Tse-Tung (1940b): »Der Zeitschrift *Der chinesische Arbeiter* zum Geleit«, in: in: ders. (1968): *Ausgewählte Werke*, Band 2, Peking: Verlag für fremdsprachige Literatur, 473-476.

Mao Tse-Tung (1940c): »Über unsere Politik«, in: ders. (1968): *Ausgewählte Werke*, Band 2, Peking: Verlag für fremdsprachige Literatur, 521-532.

Mao Tse-Tung (1941): »Unser Studium umgestalten«, in: ders. (1969): *Ausgewählte Werke*, Band 3, Peking: Verlag für fremdsprachige Literatur, 15-24.

Mao Tse-Tung (1942a): »Den Arbeitsstil der Partei verbessern«, in: ders. (1969): *Ausgewählte Werke*, Band 3, Peking: Verlag für fremdsprachige Literatur, 35-54.

Mao Tse-Tung (1942b): »Gegen den Parteischematismus«, in: ders. (1969): *Ausgewählte Werke*, Band 3, Peking: Verlag für fremdsprachige Literatur, 55-74.

Mao Tse-Tung (1942c): »Reden bei der Aussprache in Yenan über Literatur und Kunst«, in: ders. (1969): *Ausgewählte Werke*, Band 3, Peking: Verlag für fremdsprachige Literatur, 75-110.

Mao Tse-tung (1950a): »Nicht nach allen Richtungen losschlagen«, in: ders. (1978): *Ausgewählte Werke*, Band 5, Peking: Verlag für fremdsprachige Literatur, 31-34.

Mao Tse-Tung (1950b): »Ein vollwertiger Revolutionär sein«, in: ders. (1978): *Ausgewählte Werke*, Band 5, Peking: Verlag für fremdsprachige Literatur, 35-39.

Mao Tse-tung (1952): *Reden an die Schriftsteller und Künstler im neuen China,* Berlin: Henschelverlag, 75-86.

Schickel, Joachim (1967): »Mao Tse-tung als Lyriker«, in: Mao Tse-tung (1967): *37 Gedichte*, München: dtv, 44-158.

Seghers, Anna (1952): »Nachwort«, in: Mao Tse-tung (1952): Reden an die Schriftsteller und Künstler im neuen China, Berlin: Henschelverlag, 75-86.

Snow, Edgar (2018): *Red Star Over China. The Classic Account of the Birth of Chinese Communism*, London: Grove.

Wemheuer, Felix (2010): *Mao Zedong*, Reinbek bei Hamburg: Rowohlt.

Über den Autor

Ingar Solty, Jahrgang 1979, ist Sozial- und Literaturwissenschaftler und arbeitet als Referent für Außen-, Friedens- und Sicherheitspolitik am Zentrum für Gesellschaftsanalyse und politische Bildung der Rosa-Luxemburg-Stiftung in Berlin.

Er ist Autor und Herausgeber zahlreicher Bücher zu Fragen der politischen Ökonomie, der politischen Theorie und Ideengeschichte sowie der Literatur und Kultur, darunter „Die USA unter Obama" (2013), „Richtige Literatur im Falschen" (2016), „Literatur in der neuen Klassengesellschaft" (2020), „Auf den Schultern von Karl Marx" (2020) und „Der postliberale Kapitalismus" (2025).

Neben seiner Arbeit für Fachzeitschriften wie „Zeitschrift für Internationale Beziehungen", „Monthly Review" und „Socialist Register" publiziert Solty breit in der Tagespresse, u.a. in „Der Freitag", „Berliner Zeitung", der „taz" und „Jacobin".

Als Experte war er Sachverständiger im haushaltspolitischen und Auswärtigen Ausschuss im Deutschen Bundestag und tritt er regelmäßig in Hörfunk und Fernsehen auf, u.a. im Deutschlandfunk, Deutschlandradio Kultur, ARD, Phoenix, MDR, rbb, Deutsche Welle, Al Jazeera, Canadian Broadcasting Corporation usw.